Jörgen Smit

Erkenntnisdrama in der Gegenwart

Jörgen Smit

Erkenntnisdrama in der Gegenwart

Goethes Faust

Aus Nachschriften und Referaten

herausgegeben und
mit einem Vorwort versehen von
Nana Göbel

Verlag am Goetheanum

Die Zeichnungen zu diesen Vorträgen (sowie die Einbandgestaltung) stammen von
Gabriela de Carvalho

© Copyright 1991 by
Philosophisch-Anthroposophischer Verlag am Goetheanum
CH-4143 Dornach

Gesamtherstellung: Kooperative Dürnau

ISBN 3-7235-0594-5

Inhalt

Vorwort 7

1. Der Mensch in der Spaltung. 13

2. Die Erweiterung von Wahrnehmen und Denken . . . 21

3. Fausts Begegnung mit dem Bösen 37

4. Karneval und die Suche nach den Urquellen
   der schöpferischen Kräfte 49

5. Die Schwelle zur geistigen Welt,
   Faust zwischen kaltem Intellekt und Leidenschaft . . 65

6. Die samothrakischen Kabiren und die
   Verwandlungskraft im Menschen 85

7. Die zerstörenden Kräfte des Krieges,
   die aufbauenden Kräfte der Ehrfurcht 101

8. Das langsame Sterben Fausts –
   Sein Empfang in der geistigen Welt. 109

Anmerkungen 125

Editorische Nachbemerkung 127

Vorwort

Fünfmal insgesamt hat Jörgen Smit bei Faust-Jugendtagungen am Goetheanum in Dornach einen Vortragszyklus als Einführung in Goethes «Faust» gehalten, zum letzten Mal 1987, davor 1986, 1982, 1981 und 1978. Der werdende Mensch stand jeweils im Mittelpunkt seiner Betrachtungen, der werdende Mensch, der sich durch schrecklichste Abgründe und höchste Gefühle hindurch ständig weiterschreitend entwickelt und – zurückgeworfen – doch weiterstrebt.

Die Gewichtungen waren jedesmal verschieden, die Grundmotive zogen sich durch alle fünf Zyklen hindurch. Während Jörgen Smit 1981 an die damals alle Menschen bewegenden Zeitfragen der Ost-West-Spannung, der Friedens-Aufgabe für die Menschheit anknüpfte, stellte er 1982 Goethes «Geheimes Prinzipium» in den Mittelpunkt seiner Betrachtungen, jenen geistigen Quellpunkt, den jeder Mensch in sich aufsuchen und aus dem er den Gang seiner Biographie gestalten kann. Im 150. Todesjahr J. W. Goethes war es gerade diese Anknüpfung an die innere Seite seiner Individualität, die Licht werfen konnte auf alle Fragen, die mit der Ausgestaltung der erkennenden und tätig-handelnden Möglichkeiten im Menschen, in den jungen Hörern zusammenhängen.

1986 waren die Zeitverhältnisse andere. «Noch hab' ich mich ins Freie nicht gekämpft» stand im Untertitel der Tagung. Das Rätsel des Bösen, mit dem ja jeder moderne Mensch ringt, will er zum Licht empordringen, wurde mit all seinen Schattierungen, wie sie u.a. in der mephistophelisch-schwarzen Magie, in der roten Magie der Leidenschaften auftauchen, behandelt. Kann man diesen Faust, der sich in eine böse Tat nach der anderen verstrickt, überhaupt als Vorbild wählen? Eine Frage, die auch 1987 wieder gestellt wurde, von einigen stark und existentiell. Aber ist es nicht gerade unserer Situation vergleichbar, daß der Mensch Schuld an Schuld auf sich lädt und doch stetig weiterstreben muß?

1987 stand der erkennende Mensch im Vordergrund. Während dieser Faust-Tagung hatte sich eine Teilnehmer-Gruppe entschlossen, jeden Tag eine Tagungs-Zeitung herauszugeben: «Das Okular». Einleitend zur ersten Nummer schrieb Jörgen Smit:

«Noch einmal heiße ich Sie alle herzlich willkommen in dieser Jugendtagung am Goetheanum, wo wir die Aufführung von Goethes ‹Faust› zusammen erleben dürfen.

In meinen einleitenden Betrachtungen Sonntag Abend verweilte ich besonders an den Worten Fausts:

Zwei Seelen wohnen, ach! in meiner Brust!
Die eine will sich von der anderen trennen;
Die eine hält, in derber Liebeslust,
Sich an die Welt mit klammernden Organen;
Die andere hebt gewaltsam sich vom Dust
Zu den Gefilden hoher Ahnen.

In dieser tiefen Spaltung kann jeder Gegenwartsmensch sich und auch die ganze Menschheit schauen. Wie streben wir als werdende Menschen hin zur Bewältigung und Überwindung dieser Spaltung? Nach den verschiedensten Richtungen können wir versuchen, das Erleben der ‹Faust›-Dichtung als Okular für die Erkenntnis unserer eigenen Lebenslage zu benützen. Kunst und Erkenntnis wirken dabei zusammen, und alles wird Übungsweg. Aus erlebter Erkenntnis mögen dann Impulse für neue, fruchtbare Tätigkeit, für die ganze Lebenspraxis fließen. Die Jugend der

Gegenwart wird in den nächsten Jahrzehnten die Hauptverantwortlichkeit für das weitere Weltgeschehen übernehmen. Wird es den einzelnen Individualitäten gelingen, andere Individualitäten zur treuen Zusammenarbeit in einem wahren Geistbewußtsein zureichend stark und klar zu finden? Jede Gelegenheit sollte für diese Wegbereitung benützt werden. Auch diese Jugendtagung könnte einen Beitrag in dieser Richtung geben.»

Diese Fragestellung und diese Wünsche für die künftige Arbeit der jungen Teilnehmer begleiten die gesamte gemeinsame Arbeit mit Jörgen Smit. «Das Okular» könnte über seine Vortragszyklen geschrieben werden, ging es doch immer tiefer um die Entwicklung jener Möglichkeit im Menschen, durch die er sich selbst und die Welt anschauend verstehen lernen kann. Es ist ein Okular, das langsam entwickelt werden kann, allerdings immer nur so lange da ist, wie an seiner Ausbildung gearbeitet wird. Es wird hervorgebracht und entsteht, indem der Mensch mit ihm tätig ist. So kann es auch Ausgangspunkt künftiger gemeinsamer Tätigkeiten werden.

*

Aus dem Vorbeschriebenen könnte schon deutlich geworden sein, daß diese Vorträge wie die Gesamttagung viel mehr waren als eine Theater-Aufführung. Sie waren direkt zu den anwesenden Menschen gesprochen, ihre Fragen, ihre Probleme aufgreifend. Faust wurde zum Bild der eigenen Situation des Kämpfens, Strebens, Erkennens, Liebens und Scheiterns, wurde Okular.

Erst beim letzten dieser von Jörgen Smit gehaltenen Vortrags-Zyklen entstand die Idee, die Vorträge aufzuzeichnen. Dies geschah allerdings noch nicht auf so professionelle Art, wie das später der Fall war. Das Ergebnis war entsprechend unzureichend; rund vier Vorträge wurden auf diese Weise erhalten.

Aus dem Mitschnitt und eigenen Nachschriften wurde die Herausgabe der Vorträge besorgt, wobei die Hälfte neu geschrieben werden mußte. Aufgrund dieser Umstände ist vielleicht die eine oder andere Vertiefung, die im mündlichen Vortrag möglich war, in der schriftlichen Fassung nicht mehr enthalten. Dem Ganzen gereicht das hoffentlich nicht zum Nachteil.

Der hauptsächlichste Dank für das Zustandekommen dieser Schrift ist an Jörgen Smit zu richten, der unermüdlich wegweisende, wesentliche Anregungen für sehr viele Menschen gab. Einige Mitarbeiter der Jugendsektion haben die Aufnahme der Vorträge, Rembert Biemond die Herausgabe angeregt. Heinz Muhler hat die erste Abschrift der Tonbänder besorgt. Freunde haben ihre Notizen der Vorträge zur Verfügung gestellt, so Anneka Lohn und Adalbert Wruck. Ihnen allen danke ich herzlich dafür. Eine große und wertvolle Hilfe bei der in relativ knapp bemessener Zeit durchzuführenden Herausgabe war Frau U. Guzien in Bochum, die sämtliche Schreibarbeiten übernahm.

Die Vorträge in diesem Buch mögen – dann wäre der Sinn der Herausgabe erfüllt – zur Anregung des eigenen Studiums und zur Vertiefung der Kenntnis des menschlichen Wesens werden.

Bochum, im Mai 1991   *Nana Göbel*

Der Mensch in der Spaltung

Wenn man an Goethes «Faust» arbeitet und mit seinem Verständnis langsam tiefer dringt, kann die «Faust»-Dichtung selbst zu einem Okular entwickelt werden, mit dem man sowohl in die eigene Seele hinein-, als auch gleichermaßen in die Welt hinausschauen kann. Dieser Möglichkeit wird sich Faust selbst ganz deutlich bewußt während des Osterspazierganges. Auf dem Weg über die Felder entspannt sich ein Gespräch mit Wagner, in dessen Verlauf Faust von einer inneren Entdeckung berichtet. Er hat etwas in sich bemerkt, das heute in jedem Menschen vorhanden ist:

Zwei Seelen wohnen, ach! in meiner Brust (V. 1112).

Es ist etwas Doppeltes, was man allerdings als solches erst bemerkt, wenn man nicht in der Bürgerlichkeit stecken bleibt, festgehalten in ihr, sondern aus ihr herausschreitet. Jeder Mensch hat eine unbändige Kraft in die Zukunft in sich, eine große Idealkraft mit gewaltigen Zukunftsmöglichkeiten. Und obwohl diese Idealkraft ständig da ist, steckt man doch gleichzeitig im alltäglichen Scherbenhaufen drinnen. Diese Alltäglichkeit bindet den Menschen; er muß sich aus ihr herausreißen, um zu der Zukunftskraft durchzustoßen. Heute kann jeder Mensch mit nur etwas Aufmerksamkeit beide Möglichkeiten in sich beobachten. Diese Doppelheit, die man fortwährend erleben kann, ist hier aber nicht gemeint. Es handelt sich um etwas Tieferes, auf das Faust hier (V. 1112) hindeutet; er fährt fort:

> Die eine will sich von der andern trennen,
> Die eine hält, in derber Liebeslust,
> Sich an die Welt mit klammernden Organen;
> Die andere hebt gewaltsam sich vom Dust
> Zu den Gefilden hoher Ahnen.
>
> (V. 1113 – 1117)

Faust trägt beide Seelen in voller Kraft in sich. Er will beides. Und gerade weil er beides will, muß er, indem er auf sich selbst schaut, entdecken, daß er in einer vollständig gespaltenen Situation lebt. Diese Entdeckung könnte einen Menschen gewöhnlich ganz und gar der Tatkraft berauben. Faust lähmt sie nicht, denn er hat eine große Fähigkeit in sich, die sich gerade hier zeigt: die Fähigkeit nichts verdecken zu wollen. Nur weil Faust vorbehaltlos auf sich selbst hinschauen kann, entdeckt er sozusagen in der eigenen Brust diese große Spaltung. Alles liegt offen in dieser primären Spaltung.

Neben dieser Hauptspaltung gibt es dann weitere sekundäre Spaltungen, die allerdings nicht dasselbe Schwergewicht haben wie die beiden zuerst genannten großen Kräfte, die hier aus Faust emportönen. So zeigt sich die großartige Tatsache, daß dieses Okular, durch das man in die eigene Seele hineinschauen kann, auch dafür geeignet ist, in die große Welt hinauszuschauen. Man kann es also in zwei Richtungen gebrauchen: Um hineinzuschauen in die eigene Seele und um hinauszuschauen in die Welt.

Was sieht man, wenn man heute in die Welt hinausschaut? Den großen Gegensatz von Ost und West, die Mitte Europas gespalten, in zwei Blöcke geteilt.[1] Bei dieser Spaltung handelt es sich aber nicht um die beiden oben angedeuteten großen polaren Kräfte. Beobachtet man die beiden Seiten nur genügend intensiv, kann man dieselben Qualitäten, dieselben Präferenzen in Ost und West vorfinden. Diese Kraft in Ost und West, die sich an den Waffenkäufen, an den Wirtschaftspräferenzen etc. zeigt, ist nur verdoppelt; es sind Sekundärspaltungen.

Auf der einen Seite haben wir es im Westen zu tun mit diszipliniert durchgeführter und ins äußerste gesteigerter Effizienz, mit einer totalen Wirtschaftsorientierung, mit dem Blick ganz nach außen, auf der anderen Seite liegt im Osten etwas völlig anderes vor, was sich zum Beispiel in den Buddha-Reden zeigt. Der Buddha-Weg ist der Weg der inneren Andacht. Auf diesem Weg, der auch heute unabdingbar notwendig ist für jede innere meditative Entwicklung, soll ja jegliches Sich-Klammern an die Körperlichkeit und damit an die ganze Welt der Wahrnehmung überwunden werden. Keine Spur ist dort zu entdecken von «derber Liebeslust» (V. 1114); es gibt auf diesem Weg kein Kleben am Raum, vielmehr wird dieser in seiner ganzen Unendlichkeit gewonnen, unendlich ist auch das Bewußtsein. Daher ist es auf dem Buddha-Weg eine erste Übung, über den Raum hinauszugelangen. Der Raum wird liegengelassen und man schreitet fort zu einer zweiten Stufe, zum Bewußtsein. Auch dieses kann überwunden werden. Nun hört es aber nicht auf, sondern es wird etwas Neues erworben, das Nichtheits-Gebiet. Aber auch dieses muß auf dem Weg, der hier beschritten wird, überwunden werden. Eine nächste, vierte Stufe kann nur dadurch erobert werden, daß dieses Gebiet, in dem weder «Wahrnehmung» noch «Nicht-Wahrnehmung» vorhanden sind, verlassen wird, daß also Wahrnehmung und auch Gefühl völlig aufgehoben werden. Mit dieser neuen Stufe erst, die jetzt erworben wird, steigt man zu dem Rein-Geistigen auf, zu dem Außer-Weltlichen, in dem es keine Inkarnation gibt. Dieser anfänglich beschriebene Buddha-Weg bezeichnet die ganz eigene Stimmung des Ostens.

Wenn man heute mit diesem Okular in die Welt hinausblickt, dann kann man die wahre Polarität finden, die sich in der Spaltung von Westen und Osten zeigt. Der Westen haftet «in derber Liebeslust» an der Welt «mit klammernden Organen», indem er die

Mittel gebraucht, die ihm vor allem anderen durch die Wirtschaft und die politische Macht zur Verfügung stehen, der Osten ist bestrebt, auf dem oben skizzierten Weg selbst in das rein geistige Gebiet aufzusteigen. Das ist die wahre Polarität. Wie steht nun der einzelne Mensch in dieser Polarität darinnen? Ist er das Wesen, das in die Höhe aufzusteigen bestrebt ist? Oder ist er das Wesen, das sich «mit klammernden Organen» an der Welt festhält? Beide Auffassungen gibt es. Es kommt nicht darauf an, irgendeine einfache Zuordnung nach dieser oder jener Seite zu treffen, vielmehr kommt es auf beiden Seiten darauf an, was daraus wird, d.h. welche Entwicklungsmöglichkeiten jeweils in den polaren Kräften enthalten sind. Es kommt auf den werdenden Menschen an. Der werdende Mensch besteht aus beiden. Und deshalb kommt es vor allem darauf an, was daraus wird. Mit dem Blick auf den werdenden Menschen müssen wir vor allem auf das Wollen achten, das ja auf beiden Seiten da ist. An dieser Stelle könnte man ja auch auf die Idee kommen, beide Seiten etwas zu mischen und damit eine Lösung herbeizuführen. Das könnte man tatsächlich tun, es wäre aber nur möglich, wenn der Mensch verzichten würde auf die Freiheit, auf seine eigene Entwicklung und sich in dem auf beiden Seiten doch noch Vorliegenden etwas eingebettet fühlen würde. Für den, der nach Freiheit sucht, der sich am Werdenden im Menschen orientiert, sieht die Sache anders aus. Der Mensch kann sein Wesen nur finden, wenn er begreift, daß er nicht nur von außen bestimmt ist.

Radikal in der Spaltung findet sich erst der völlig heimatlose Mensch. In der radikalen Spaltung gibt es keine äußere Macht, die irgendeine Harmonie herstellen könnte. Der Mensch selbst muß es tun! Der Mensch selbst muß tiefer graben, vorwärtsstrebend ins Unendliche. Erst der heimatlose Mensch kann zu den beiden großen polaren Kräften gelangen, indem er immer weiter vorwärts strebt. So verstanden, wird Faust zum Okular des modernen Menschen.

Dieselbe Spaltung, die wir als wahre Polarität von Ost und

West gefunden haben, liegt auch in dem Gegensatz von Denken und Wahrnehmen vor. Auch hier kann man nicht eine Seite einfach vernachlässigen, man würde sich dadurch amputieren. Denken und Wahrnehmen öffnen uns ganz verschiedene Wege. Durch die Wahrnehmungen kommen die Dinge von außen auf uns zu; erst durch das Denken kann die Rätselhaftigkeit der Wahrnehmungswelt aufgelöst werden. Ständig stehen wir in dieser Spaltung darinnen und können sie nur durch das eigene Erkennen überwinden. Indem wir die eine oder andere Qualität wegstecken, fallen lassen, ist eine Überwindung der Spaltung nicht möglich.

Im modernen Menschen liegt in bezug auf die Wahrnehmung für das gewöhnliche Leben zunächst eine durchmischte Situation vor. Erst durch Schulung kann man allmählich eine gewisse Entmischung vornehmen, um überhaupt zur reinen Wahrnehmung zu gelangen. Dies gilt auch für die andere Seite. Erst wenn man das passive, abbildende Denken, das konstruierte Denken durchschaut, das zur Effizienz führt, beginnt die wirkliche Wahrheitssuche.

Am Anfang, im Studierzimmer, entdeckt Faust, daß alles, was er bisher gedacht hat, auf die Seite der abbildenden Gedanken gehört. Es bricht eine große Sehnsucht nach der wahren Wirklichkeit in ihm auf. Diese Sehnsucht taucht auf, doch steckt er als Mensch noch ganz im alltäglichen Scherbenhaufen darinnen. Da entdeckt er sich in dieser Situation stehend und beginnt nun einen Entwicklungsvorgang, in welchem er sich pendelnd bewegt, pendelnd in beide Richtungen, ständig nach neuen Ufern strebend.

J. W. Goethe hat seine Faustgestalt geschaffen, indem er durch die verschiedenen historischen Faustgestalten hindurchschaute. In seiner «Faust»-Dichtung kann weit mehr Wirkliches, Wesentliches erscheinen, als in den historischen Figuren. Goethes Geist war lebendig, strebend. Goethes Geist ging zu den Wurzeln, zu den Quellkräften des Menschen und der Menschheit. Deshalb arbeitete er in seiner Jugendzeit an dem «Faust»-Thema. Goethe lebte, er wühlte und raste. Er kam aber nicht weiter als zu dem

sog. Urfaust-Fragment, weshalb er nach einiger Zeit den «Faust»-Stoff einfach liegen ließ.
Erst mit 49 Jahren nahm J. W. Goethe die Arbeit am «Faust» wieder auf und verfasste zunächst die «Zueignung» (am 24. 6. 1797), die heute zu Beginn des Ersten Teiles steht. Mit ihr knüpfte J. W. Goethe an seine erste Schaffensperiode wieder an, diese jetzt auf einer neuen Stufe fortführend. Daran anschließend entstand das «Vorspiel auf dem Theater», in dem wir gerade die oben besprochene Polarität wiederfinden. Auf der einen Seite agiert dort der Theaterdirektor, westlich effizient charakterisiert, auf der anderen Seite zeigt sich der Dichter, der in seinem ganzen Bestreben in die Höhe verschwindet. Nun, in der Mitte finden wir dann den Schauspieler, denjenigen, der den Humor entfaltet. Der wahre Humor kommt eben erst dann, wenn man beide Seiten ganz ernst nimmt.

Prolog im Himmel

Zu Beginn der Dichtung lebt Faust zunächst nur in dem gewöhnlichen Tagesbewußtsein, ist aber von einer tiefen Sehnsucht nach dem Aufsteigen zu einer höheren Stufe des Bewußtseins erfüllt. Die nächste Stufe über dem gewöhnlichen Bewußtsein gehört zu übermenschlichen Wesen. Die Stufe dieser übermenschlichen Wesen beschreibt J. W. Goethe im «Prolog im Himmel», in welchem die Engel-Qualität erscheint, jene kontinuiterliche Wesensstärke, mit der man ganz drinnen ist in der Wesenswirksamkeit. Im «Prolog im Himmel» tönt nun die übermenschliche Welt herein in den großen Weltenentwicklungsgang als Raphael, Gabriel und Michael, drei Seiten der göttlichen Schöpfung. Raphael (V. 243 – 250) bedeutet gleichzeitig Aufschauen zu dem Großen, wo das Göttliche hereintönt durch die Sonne. Es ist das Hinaufschauen zu der ungebrochenen, schönsten Harmonie, zur Symphonie der geistigen Wesenheiten. Gabriel (V. 251 – 257) taucht ein in das Irdische. Es ist ein Inkarnationsgang, ein Geburtsvorgang und es beginnt zu wirken. Mit Michaels Kommen (V. 259 – 266) stürmt es und donnert. Das große Drama beginnt; der Sturm braust und es taucht auf das Erkennen: Michael, durch alle Stürme hindurch das Wesen schauend. «Der Anblick gibt den Engeln Stärke» (V. 267), das ist die Stufe der Wesensstärke, die Engel-Qualität. Und sofort muß Mephistopheles auftauchen, der Zerstörer, Verderber und Lügner, Spaltung erzeugend. Mephistopheles, die Diskrepanz, die Disharmonie ist da und wird von dem Herrn (Gottvater) akzeptiert. Für das schauende Bewußtsein ist Mephisto einfach da. Die Engel distanzieren sich zwar von Mephisto, doch setzen sie sich nicht gegen ihn in Bewegung, denn er ist unentbehrlich. Die Disharmonie soll da sein auf Erden, die Diskrepanz eröffnet gewaltige, neue Möglichkeiten des Wesens, ohne die wir nur eine furchtbar kleinbürgerliche Oberfläche hätten. Es ist der Weg der Freiheit und Mephisto gehört auf diesem Weg dazu; auf Erden soll er sich austoben dürfen.

Die Erweiterung von Wahrnehmen und Denken

Die meisten Menschen leben heute mit allen Erlebnissen, die sie haben, in einer tiefen Spaltung der Seele. Wenn etwas geschieht, so kann dieses etwas zerschmetternd Fürchterliches in sich haben und gleichzeitig kann es schön und tief hineinleuchtend in die Zukunftsmöglichkeiten des Menschen sein. Manchmal könnte man verzweifelt sein, wie furchtbar schwierig es ist, eine solche Spaltungslage zu bewältigen, und am liebsten würde man sich sogar weit davon wegwünschen. Wenn man aber die Offenheit, die möglich wird durch diese Spaltung, entdeckt hat, dann setzt eine tiefe Bewunderung, Ehrfurcht, Freude gerade in dieser Offenheit ein, wo man sieht, hier öffnet sich der Weg der Freiheit, des Schöpferischen im Menschen. Das wäre nicht vorhanden, wenn der Mensch nur von außen bestimmt wäre, von oben oder von unten sozusagen dirigiert, festgelegt, so wie es die Tiere tatsächlich sind. Die Tiere haben nicht diese Offenheit in sich. Sie haben eine geschlossene Tiergestalt, in der sich eine bestimmte Richtung, eine bestimmte Möglichkeit entfaltet. Ob das ein Löwe ist oder eine Hyäne oder eine Kuh, was es auch ist, es ist eine bestimmt geformte Triebgestalt im Körper, in der ganzen Art, wie das Tier sich benimmt, und das Tier ist dann ganz drinnen in dieser bestimmten Form des Lebens, nicht offen, nicht gespalten und deshalb auch nicht mit der großen Problematik versehen und ohne die Verantwortlichkeit des Menschen.

Wenn wir von da aus zu den übermenschlichen Wesenheiten, zu den Engeln, zu den Erzengeln hinaufschauen, sehen wir, daß sie diese Spaltung auch nicht in sich haben. Aber es ist nicht wie beim Tier, das von außen bestimmt worden ist durch die Entwicklung, durch die Entstehung, die Schöpfung, vielmehr haben sie die Spaltung bereits hinter sich. Sie sind auf einer höheren Stufe angelangt, auf der das wiederum überwunden ist – übermenschlich –, wo sie deshalb alles das in sich tragen, was wir in uns spüren an Idealkräften, an Hinaufschauendem, wobei wir aber im Unterschied zu ihnen drinnen stehen in dieser Spaltung, in der Mitte zwischen dem Untermenschlichen, dem Tierischen, und dem Übermenschlichen. Der Mensch hat eben beides in sich, aber unentschieden, offen. Und diese Offenheit müssen wir deshalb etwas genauer betrachten. Wir sind nicht mehr drinnen in dem Wirkenden der Weltenwesen, in der wahren Wirklichkeit. Wir sind gerade durch diese Spaltung etwas aus ihr herausgetreten, aber so, daß wir von zwei Seiten den Zugang zu unserem eigentlichen Ursprung, zu unserer eigentlichen Wirklichkeit haben. Diese Situation wirkt aber nicht direkt bestimmend in uns herein, vielmehr verändert sie unsere Art des Erlebens.

Im ersten Vortrag wurde eine Seite dieser Polarität besonders betont: Denken – Wahrnehmen. Wenn wir alles, was wir in unserem Bewußtsein haben, etwas genauer untersuchen, können wir alles auf diese beiden Quellen zurückführen. Wahrnehmungen von außen, aber auch Wahrnehmungen im eigenen Körper. Die Wahrnehmungswelt ist ein großes Gebiet draußen und drinnen, was von selbst auf uns zukommt, das aber in der Art, wie es von selbst kommt, rätselhaft ist, dunkel. Es ist dunkel in bezug auf die Frage: Was ist dieses Gebiet der Wahrnehmungen eigentlich, wie ist eigentlich der Zusammenhang auch im hellsten Licht der Sonne draußen, in den schönsten Farben? In bezug auf diese Erkenntnisfragen ist dunkel und ungeklärt, was es eigentlich ist und wie wir uns in diesem drinnen finden, besonders weil so viele Schatten und andere Sachen sich durch unsere eigene gespaltene Wesenheit in dieses hineinmischen.

Auf der anderen Seite versuchen wir sofort zu verstehen, wie das Denken zunächst in einer sehr passiven Art nur abbildet und erst nach und nach gesteigert werden kann, so daß eine wirkliche, geistige Tätigkeit sich im innersten Ich des Menschen zu entfalten beginnt. Das kommt niemals von außen. Auch wenn ein anderer zu mir spricht, Gedanken äußert, sind diese Gedanken und Worte, die von ihm zu mir gesprochen werden, eigentlich meine Wahrnehmungen. Ich nehme wahr, was da kommt, und dann muß ich arbeiten, um das zu verstehen. Es ist gar nicht sicher, daß ich verstehe, was das eigentlich ist. Aber ich kann Gedanken und Worte wahrnehmen, die von außen kommen. Das eigentliche Denken ist nicht drinnen in dem, was als Gedanken von außen kommt; das eigentliche Denken beginnt immer erst in dem eigenen Verstehen der Sache und tritt immer gemischt mit Nicht-Verstehen, Irrtum und Täuschung auf. Das ist eben die menschliche Lage, an der wir arbeiten, kämpfen müssen.

Wir haben also zwei Quellen des Zuganges zu der wahren Wirklichkeit, das Denken und das Wahrnehmen, aber beide sind getrübt, sehr getrübt und in verschiedenster Weise gefärbt.Eigentlich lebt in jeder Wahrnehmung einer Farbe, eines Tones, was es auch ist, in der Beziehung des Menschen zu dem, was ihm entgegenkommt, eine tiefe Liebe. Wenn wir keine Liebe hätten, dann würden wir uns abkapseln von der Welt und sagen: Ohne mich! Wir würden uns abschnüren. Es kommt tatsächlich vor, daß Menschen einen solchen Schock durch verschiedene Geschehnisse bekommen, daß sie einfach etwas abschneiden, «Nein!» zur ganzen Welt sagen. Es kann so weit gehen, daß man tatsächlich nicht mehr sehen kann, nicht essen will, Magersucht auftritt. Man hört auf zu essen, Schluß! In allen Wahrnehmungen, die dann doch bleiben, auch wenn man solch' eine Krankheit hat, vorübergehend, in allen Wahrnehmungen wollen wir uns mit der Welt verbinden, vereinigen. Es ist Wollen drinnen, Wärme, Liebe.

Es ist auch Licht drinnen, weil immer, in jeder Wahrnehmung, etwas von der Welt auftaucht und erscheint, ob das Ton, Farbe oder Geschmack ist, es ist etwas, was zu erscheinen beginnt. Es hat deshalb eine gewisse Lichtqualität in sich und auch Wärme in dieser Vereinigung mit der Welt. Aber beide werden herunter gedämpft, wenn sich ein innerer Abstand zu der Welt einstellt. Dieser Abstand, diese innere Distanz äußert sich z.B. in solchen Sätzen wie «Ich weiß schon, was es ist!». Durch solche Distanzgesten im Inneren treten Schemen auf, Abgestorbenes. Was Licht und Wärme in sich hatte, wird heruntergedrückt zum Schemen.

Genauso ist es mit dem Denken, dem anderen Quell des Zugangs zu der wahren Wirklichkeit. Es kommt aus dem innersten Ich, aus der Suche, der oft unerbittlichen Suche nach Verstehen, die nicht bei den Worten stehen bleibt. Stoßen wir nicht durch und bleiben wir im Nicht-Verstehen stecken, dann kann das Denken gerade durch dieses Nicht-Verstehen zum Schatten abgetrübt werden. Es kann abgetrübt werden, aber immer ist die Möglichkeit da, daß mir ein Licht aufgeht und ich nicht im Schatten verharre. Statt Quellen des Zugangs zur wahren Wirklichkeit zu werden, kann also die Wahrnehmung zum Schemen, das Denken zum Schatten absterben.

Studierzimmer I

Im Studierzimmer lebt Faust umgeben von abgestorbenen Schatten und Schemen. Faust entdeckt, daß alles, worum er sich bisher bemüht hat, schattenhaften Charakter trägt. Und gerade in dieser Situation, in der er mit bemerkenswerter Schärfe seine eigene Bewußtseinslage erkennt, tritt in ihm eine große Sehnsucht nach der Welt auf, die aber abgetrennt von ihm ist. Durch diese Erkenntnis wird Faust nun nicht in Resignation oder Erkenntnislähmung gestürzt, er bemerkt nur, daß er sich in einer total zerspaltenen

Situation befindet. Er sucht die göttliche Welt der Wesenswirksamkeiten – und mit dieser Suche ist er völlig allein.

Um zum Weltenwesen zu gelangen, gilt es jene beiden Quellen zu entdecken, aus denen eine Verbindung geschöpft werden kann. Nur deshalb, weil es diese beiden Quellen gibt, tritt ja überhaupt die Möglichkeit der Spaltung auf. Gäbe es nur eine Quelle, wäre das Wesen vollkommen gestaltet, aber an diese gebunden: es ist das Tier.

Faust hingegen sieht sich im Studierzimmer zwei Möglichkeiten gegenüber. Er kann einerseits durch die Überwindung der Schemen zur reinen Wahrnehmung gelangen und durch diese die Verbindung zum Weltenwesen suchen, andererseits kann er die Schatten überwinden und durch das Denken die Verbindung zum Wesen der Welt aufbauen. Faust strebt zu diesem Weltenwesen hin, aber mit einer großen, ungeduldigen Sehnsucht. Er will es sofort haben, es besitzen, und nicht ruhig, Schritt für Schritt, die einzelnen Stufen aufarbeiten. Auf die alte Weise will er nicht mehr weiterleben:

> Drum hab' ich mich der Magie ergeben (V. 377).

Er will also sofort zum Weltenwesen durchstoßen.

Was heißt nun Magie? Es gab durch Jahrhunderte Menschen, die zum Weltenwesen aufsteigen und für andere darstellen konnten, was sich ihnen auf diesem Weg ergeben hat. Auf diesem Weg gibt es aber eine große Prüfung, die einen inneren Zusammenhang mit Geduld und Bescheidenheit hat. Will man langsam durch Übungen Schritt für Schritt geduldig wartend, bis sich eine neue Stufe einstellt, vorwärtsschreiten, oder will man durch künstliche Mittel sofort etwas erreichen. Dazwischen liegt der große Unterschied zwischen weißer und schwarzer Magie. Auf der Seite der weißen Magie ergibt sich durch dauernde Übung eine langsame Entwicklung hin zur Wirklichkeit der Weltenwesen, eine Entwicklung, die übereinstimmt mit der Reife der eigenen Persönlichkeit, auf der Seite der schwarzen Magie zeigt sich eine auf einen bestimmten Zweck orientierte Ungeduld, die durch äußere Mittel befriedigt wird, ohne moralische Kräfte, ohne Liebe, Wesen oder Werden Faust steht an der Messerschneide, genau zwischen beiden Möglichkeiten. Da er es aber zunächst selbst nicht schafft, in seinem Bewußtsein heraufzusteigen, greift er zu den alten Büchern. In solchen alten Büchern findet Faust Zeichen, die früher als Meditationsmaterial der weißen Magie gemeint waren. Da schlägt er das Buch des Nostradamus auf und findet dort das Zeichen des Makrokosmos. Eine ganz kurze Weile kann er in übermäßiger Glückseligkeit die Wirklichkeit dieses Zeichens empfinden. Er erlebt etwas, es beginnt anwesend zu sein.

> Wie alles sich zum Ganzen webt,
> Eins in dem andern wirkt und lebt!
> Wie Himmelskräfte auf und nieder steigen
> Und sich die goldnen Eimer reichen!
> Mit segenduftenden Schwingen
> Vom Himmel durch die Erde dringen,
> Harmonisch all' das All durchklingen!
> (V. 447–453)

Einige Sekunden erlebt er es, er fühlt sich ganz drinnen in diesem großen Geschehen, da ist keine Spur von Spaltung, dann ist es verschwunden, verduftet, weg.

> Welch Schauspiel! Aber ach! ein Schauspiel nur!
> (V. 454)

Jetzt greift er zu einem näheren Gebiet, er versucht etwas anderes. Er besinnt sich auf das Zeichen des Erdgeistes. Faust will sich ganz mit diesem Wesen vereinigen, ganz aufsteigen aus dem gewöhnlichen Bewußtsein. Er studiert das Zeichen des Erdgeistes, es wird stärker und er fühlt, jetzt bin ich ihm ganz nah. Aber er will es erzwingen mit stürmischem Verlangen. Und wiederum ist deutlich die Ungeduld. Er fühlt dieses kommen:

Es wölkt sich über mir –
Der Mond verbirgt sein Licht –
Die Lampe schwindet!
Es dampft! – Es zucken rote Strahlen
Mir um das Haupt – Es weht
Ein Schauer vom Gewölb' herab
Und faßt mich an!
Ich fühl's, du schwebst um mich, erflehter Geist.
Enthülle dich!
(V. 468–476)

Er kommandiert! Setzt die ganze Willenskraft hinein:

Enthülle dich!
Ha! wie's in meinem Herzen reißt!
Zu neuen Gefühlen
All' meine Sinnen sich erwühlen!
(V. 476–479)

Und jetzt macht er ein Entscheidendes, das ganz maßgeblich ist in einer solchen Lage, etwas, worauf es ankommt und was auch sehr gefährlich ist. Was ist das? Es ist das vorbehaltlose Sicheinsetzen! Was ist damit gemeint im Unterschied zu «ein bißchen Vorbehalt»? Man kann sagen, jetzt will ich den Geist erleben, aber bitte nicht zu viel! Ich will etwas erleben, aber ich will mein gewöhnliches Körpergefühl behalten. Das ist «mit Vorbehalt». Faust aber setzt sich ganz ein, vorbehaltlos, mit dem ganzen Willen, seiner ganzen Existenz: Jetzt oder nie!

Ich fühle ganz mein Herz dir hingegeben!
Du mußt! du mußt! und kost' es mein Leben! (V. 480f.)

Auf dieses Kommando hin geschieht tatsächlich etwas. Der Erdgeist erscheint und spricht zu ihm, in ihm. Diese Erscheinung entspricht allerdings nicht den Erwartungen von Faust. Der Erdgeist ist viel größer und mächtiger als er gedacht hatte. Faust schrickt zurück:

Schreckliches Gesicht! (V. 483)

Das ist zu viel, Faust fühlt sich überwältigt. Er hat sich in eine zunächst aussichtslose Situation begeben, die er dadurch selbst herbeigeführt hat, daß er ungeduldig gewesen ist. Ironisch-wahr spricht nun der Erdgeist zu Faust:

Welch erbärmlich Grauen,
Faßt Übermenschen dich! (V. 489f.)

Auf diese Weise möchte Faust nun auch nicht angesprochen werden, er rafft sich also auf und will sich behaupten, doch das gelingt ihm nicht. Der Erdgeist zeigt sich noch viel stärker:

In Lebensfluten, im Tatensturm
Wall' ich auf und ab,
Webe hin und her!
Geburt und Grab,
Ein ewiges Meer,
Ein wechselnd Weben,
Ein glühend Leben,
So schaff' ich am sausenden Webstuhl der Zeit
Und wirke der Gottheit lebendiges Kleid.
(V. 501–509)

Nach diesen mächtigen Worten wird Faust für kurze Zeit übermütig, fühlt sich dem Erdgeist nahe, beinahe sich selbst als Gott. Wirkliches Erleben mischt sich mit Größenwahn. Doch da erhält er die Antwort:

Du gleichst dem Geist, den du begreifst,
Nicht mir! (V. 512f.)

Es ist tatsächlich der göttliche Kern in jedem Menschen, der über Schatten und Schemen emporsteigen kann. Wenn das allerdings nicht in Bescheidenheit und mit Geduld geübt wird, stellt sich Hochmütigkeit ein. Nur mit jener inneren Kraft, die sich langsam entwickelt, und nicht mit Hochmut kann man jene Geistigkeit verstehen, die sich Faust als Erdgeist gezeigt hat und die zu erfahren er nicht reif war.

Es klopft, Wagner betritt das Studierzimmer, der Geist, den Faust begreift. Man kann sich Wagner vorstellen als einen pedantischen Universitätsprofessor, der nicht einmal den inneren Zweifel kennt. Da ist Faust eigentlich zu Hause, wenn auch nicht mehr ganz. Ein großer Teil seiner Seele ist zwar auf der Wagner-Stufe, trotzdem fühlt er sich ihm überlegen. Mit Wagner kann er diskutieren, sein bisher erworbenes Wissen ausbreiten, doch im Innern berührt es ihn nicht.

Wir finden Faust im Studierzimmer zwischen dem Erdgeist, zu dem er hin möchte, und Wagner, bei dem er nicht mehr ganz ist. Beide sind Teile von Willensmöglichkeiten, die in Faust selbst liegen.

Bei einem geduldigen Aufsteigen zur höheren Erkenntnis, wird es so sein, daß man ganz klein beginnt. Über die Schemen der Wahrnehmungen hinaus beginnt man hineinzusteigen in die wirklichen Wesen der Sinneswahrnehmungen: Licht, Liebe, Leben beginnen aufzutauchen. Auf der anderen Seite wird das, was eigentlich tätig lebt im Denken, aktiviert, und jetzt beginnen sie zusammenzuströmen, und zwar so zusammenzuströmen, daß man erst das eine und dann das andere ganz zurückhalten muß. Das ist aber sehr schwierig. Ich kann nur dann in die wahren Sinneswahrnehmungsqualitäten hineinsteigen, wenn ich jedes Denken zunächst zurückhalte und nur versuche, in diese hineinzusteigen und das sozusagen in mich hineinbaue. Dann, wenn ich das reine Denken übe, muß ich für eine Weile alle Sinneswahrnehmungen schweigen lassen. Weder sehen noch hören – nichts; keine Tastwahrnehmungen. Die ganze Energie lebt in der Tätigkeit des Denkens. Gerade das gelingt nicht sofort, aber ich versuche es. Es gelingt auch nicht sofort mit den Wahrnehmungen, ich versuche es trotzdem. Dadurch kommt ein Großartiges: ein kleines Suchen in der einen Richtung verstärkt die Möglichkeit des Suchens in der anderen. Wieso? Wenn ich mein Denken verstärkt habe, so daß ich wirklich mich bewege im Denken, dann habe ich auch die Fähigkeit, das Denken zurückzuhalten, darauf zu verzichten, zu schweigen, stumm zu sein in bezug auf das eigene Denken. Und dann kann ich mich hineinbegeben in die Sinneswahrnehmungen. Und umgekehrt: wenn ich wirklich etwas erlebe von dem Leben der Sinneswahrnehmungen, dann habe ich auch die Fähigkeit, darauf zu verzichten, dann kann ich sagen: jetzt ist nichts. Gelingt dies, kommt ein doppeltes Hin und Her. Es ist gerade das nicht zurückgehaltene Gemischte, das Schatten und Schemen erzeugt, wo man nur so ein bißchen denkt und ein bißchen wahrnimmt und beides nicht ordentlich, weder in der einen noch in der anderen Richtung. Dann kommt eben nichts heraus. Es beginnt ein langsames Aufsteigen, indem das eine ganz zurückgehalten wird und dann das andere, das energische Denken und alle Sinneswahrnehmungen. Dann beginnt etwas, was man nennen könnte eine nächste höhere Stufe des Atmens.

Beim Atmen ist es ganz unmöglich, gleichzeitig einzuatmen und auszuatmen. Man muß sich entscheiden: entweder atme ich ein oder ich atme aus. Und gerade wenn ich tief eingeatmet habe, dann kommt der Rückstoß, und ich kann tief ausatmen. Viele Menschen wissen das, aber pflegen es nicht zureichend. Die meisten atmen nur ein Stück in der Mitte. Sie atmen nicht ganz heraus und nicht ganz herein, der Atem geht nur ganz flach. Wenn man das Atmen übt, lohnt es sich sehr, ganz auszuatmen und ein bißchen innezuhalten, wenn die Luft ganz ausgeatmet ist. Dann kommt ein großer Zug, tief herunter bis zum Zwerchfell, so daß die Luft nicht nur ein bißchen oben bleibt. Und dann wiederum tief in die andere Richtung. Das Atmen kann sehr erweitert werden. Im Atmen verbinden wir uns mit der Welt durch die Luft. Etwas Entsprechendes geschieht in dem nächsthöheren Gebiet: Wahrnehmen und Denken. Sie beginnen zusammen ein Lichtseelen-Prozeß zu werden, ganz parallel zum Atmen. Wie Ausatmen und Einatmen wechseln sich Denken und Wahrnehmen ab; sie pendeln nicht nur gemischt so ein bißchen in der Mitte hin und her, sondern gehen tief hinaus, tief hinein und steigern sich gegenseitig. Dadurch kommt ein höheres Gebiet langsam zu Bewutsein: Das Ätherische der Welt, wo die Weltenwesen wirken und strömen und leben in der Zeit, nicht nur im dreidimensionalen Raum. Dieses, was sich da bewegt, ist etwas, womit ein Ganzes in einem Zeitorganismus gleichzeit erfasst wird. Ich kann in diesem großen Ganzen gleichzeitig leben. Es ist der Erdgeist:

> So schaff' ich am sausenden Webstuhl der Zeit
>
> (V. 508).

Dieses Schaffen ereignet sich nicht im Raum, in diesem vielleicht auch, vielmehr in dem Zeitorganismus des ätherischen und das ist jenseits der Mauern des Studierzimmers. Innerhalb dessen ist es abgedämpft, durch Schatten und Schemen aus derjenigen Wirklichkeit herausgefallen, in die hinein sich Faust sehnt. Er steht deutlich an einer Schwelle.

Bei einem langsamen Aufsteigen aus dem gewöhnlichen Bewußtsein besteht keine Gefahr, weil eine große Bescheidenheit da ist. Dasjenige, was tatsächlich erscheint, wird dann voll bewußt im Ich erfaßt. Es ist ein volles Erleben, auch als Grundlage für das ganze Leben, für die Lebenstätigkeiten, aber klein, langsam wachsend. Was geschieht bei dem ungeduldigen Stürzen? Es liegt sehr nahe in der Gegenwart, daß jetzt etwas geschehen muß, weil es uns bis zur Nase steht von all dem Dreck, den wir nicht mehr haben wollen, und nun alle Kraft eingesetzt wird.

Dann geschieht es, aber ungeduldig, es zittert an der Schwelle; was entsteht? Es kommt eine Mischung zustande zwischen dem, was in diesem höheren Gebiet geschieht, und den gewöhnlichen Sinneswahrnehmungen. Alles mögliche Irrtümliche, Abergläubische wird an dieser Schwelle gleichzeitig mit der Ur-Wahrheit des Göttlich-Geistigen erzeugt, wo man tatsächlich göttliche Kräfte in sich erlebt. Deshalb entsteht leicht die falsche Beurteilung, man sei selbst ein Gott!

Es gibt Jugendliche, die sich in diesem Zustand befinden, und das, ohne sich zu schämen, einfach sagen. Sie glauben, die ganze Welt sei in ihnen konzentriert. Stimmt – im Ich ist die ganze Welt konzentriert. Es ist nicht ganz unwahr. Wenn das aber nicht verbunden wird mit der Bescheidenheit der Entwicklung, mit dem langsamen Reifen, dann verwechselt man das universelle Licht, das universelle Ich mit demjenigen, was aus dem kleinen, gewöhnlichen Ichbewußtsein erarbeitet wird. Man muß das ganz scharf auseinanderhalten, so daß das eine nicht für das andere eingesetzt wird, sonst rutscht man direkt in den Wahnsinn und alle möglichen Absurditäten entstehen auf diesem Gebiet.

Faust wird zurückgeschleudert und Wagner tritt heraus. Hier haben wir wiederum eine maßgebliche, wichtige Erfahrung: Das Leben spricht. Je weiter man kommt auf einem inneren Erkenntnisweg, desto mehr wird jede Situation im Leben sprechend, sinnvoll. Solange man nur im Studierzimmer sitzt mit Schatten und Schemen, ist alles sinnlos. Indem die innere Erkenntnis aufzusteigen beginnt, verdichtet sich das alltägliche Leben vom Morgen bis zum Abend so, daß es bildhaft und sinnvoll wird. Faust könnte sich also selbst begegnen, indem er Wagner trifft, und einen Teil seiner eigenen Wesenheit durch Wagner kennenlernen. Nachdem

Wagner gegangen ist, ist Faust doch ganz verzweifelt, auch wenn er ein bißchen getröstet wurde. Dann überlegt er: «Es geht doch nicht», und langsam steigert sich dieser Zweifel. Wiederum kommt etwas, was sehr naheliegend ist für Tausende Menschen der Gegenwart und besonders auch Jugendliche, das ist der Gedanke an Selbstmord. Faust kommt zu diesem Selbstmordgedanken auf eine besondere Weise, wie ja jeder Selbstmord höchstwahrscheinlich verschieden von jedem anderen ist. Bei Faust handelt es sich nur um eine Annäherung. Er wird ja zurückgehalten und macht es nicht. Warum will er es tun? Aus Verzweifelung! So geht es nicht weiter! Faust kann ja zunächst diesen Weg der langsamen, geduldigen Entwicklung nicht finden, will aber, daß sofort etwas geschieht. So kommt er auf den Gedanken, daß sein Geist dann, wenn er jetzt den physischen Körper durch Gift-Selbstmord auslösche, in die Weltenwirklichkeit des Erdgeistes hineinsteigt, oder vernichtet wird. Er weiß es nicht. Andere Möglichkeiten überlegt er sich nicht gerade, er denkt sich eben, daß er jetzt in ein großes Meer der geistigen Erlebnisse jenseits des Todes hineinsteigen und mit dem Erdgeist verbunden sein wird, daß er in großen, gewaltigen und nicht in diesen engen, kleinen, langweiligen Erlebnissen im Studierzimmer leben wird. Er sieht sich wie auf einem Feuerwagen selbst in dieses große Leben nach dem Tode hineinsteigen. Er will Selbstmord begehen, um eine höhere Stufe zu erreichen, mit der Gefahr, selbst ausgelöscht zu werden, was er auch ausdrücklich sagt:

Zu diesem Schritt sich heiter zu entschließen,
Und wär, es mit Gefahr, ins Nichts dahinzufließen.
(V. 718f.)

Die dritte Möglichkeit hat er nicht erwogen, nämlich einen Selbstmord zu begehen, bei dem man nicht in das Nichts hineinfließt, sondern durch den die Lage viel schwieriger wird als vorher, weil dieser eine neue, viel schwierigere Belastung nach sich zieht. Das erwähnt er nicht. Er erwähnt nur die Möglichkeit, zu verschwinden, oder große, neue Erlebnisse zu haben. In dieser Situation steigen zwei Bilder auf aus der Weltgeschichte. Das eine deutet Faust selbst an, indem er sagt:

> Ins hohe Meer werd' ich hinausgewiesen,
> Die Spiegelflut erglänzt zu meinen Füßen,
> Zu neuen Ufern lockt ein neuer Tag.
> Ein Feuerwagen schwebt auf leichten Schwingen
> An mich heran!
> (V. 699–703)

Elias! – Aber das war nicht Selbstmord! Als Elias starb, wurde er in einem Feuerwagen in die geistige Welt hinaufsteigend gesehen.[2] Das ist der hochentwickelte Mensch, der gereift ist und bereits die unmittelbare, bewußte Verbindung mit der geistigen Welt gewonnen hat. Und jetzt macht Faust diesen Vergleich: es ist offener Größenwahn. Er vergleicht sich mit Elias im Feuerwagen in den Himmel aufsteigend, obwohl er noch nichts von dieser Geduld entwickelt hat, von dieser langsamen, reifenden Entwicklung. Ein anderes Bild übersteigt noch Elias, das des großen Eingeweihten in Griechenland, Empedokles. Dieser hochbegabte Mensch, der bewundert von allen Gleichzeitigen wie ein König auf der Erde schreitet, hat eine entsprechende Riesensehnsucht wie Faust, lange vor ihm in der griechischen Zeit. Er will die vollständige Vereinigung mit der Weltenwirklichkeit und nicht die Distanz. Und was macht er? Selbstmord. Er steigt hinauf auf den Gipfel des Ätna und wirft sich hinunter in die glutenden Feuermassen des Lava, herunter in den Vulkanrachen. Dies ist ein Selbstmord mit der Intention der Erkenntnisvereinigung mit dem Tiefsten der Welt. Hier liegt eine riesengroße Selbsttäuschung bei Faust vor, denn so geht es nicht! Trotzdem sehen wir gerade jetzt dieses ungestüme Sich-hinein-drängen-Wollen bei Faust und er nimmt den Giftbecher.

Da läuten die Osterglocken, die Osterbotschaft tönt von außen zu ihm heran. Sie erklingt nicht nur von außen zu ihm, denn wäre es nur von außen gewesen, hätte er doch den Giftbecher getrunken. Es tönt aus dem Tiefsten seiner eigenen Seele herauf, aus seiner Kindheit, aus der Erinnerung. In dem Augenblick, in dem jetzt von außen die Osterglocken erklingen, steigen Kindheitserinnerungen daran in ihm auf, wie er, Faust, gläubig die Osterbotschaft der Auferstehung schon als Kind erlebt hat. Das hat er abgesetzt nach der Geschlechtsreife, glaubt nicht mehr daran; tief unten in der Seele lebt es aber dennoch weiter. Von außen und aus der Erinnerung, aus den Tiefen seiner eigenen Seele tönt es nun. Logos – Christus, der zur Erde gekommen ist, der ganzen Menschheit, der ganzen Erde den Zukunftssinn gebend: Liebe, Licht, Leben. Diese Botschaft hört er und stellt den Giftbecher weg.

Fausts Begegnung mit dem Bösen

Faust in der Osternacht

Durch das Auferstehungsgeschehen, von dem der Chor der Engel während der Osternacht singt, wird Faust am Selbstmord gehindert. Mit dem Gesang steigen Bilder in seiner Seele auf, die so mächtig sind, daß die schreckliche Situation abgewendet werden kann. Aber:

> Die Botschaft hör' ich wohl, allein mir fehlt der Glaube.
> (V. 765)

Als Kind war Faust fromm gewesen, lebte mit einer tiefen Gläubigkeit in der Christenliebe. Dieses tiefe Göttliche, das er seit seiner Kindheit in sich getragen hat, hat ihn in dieser schwierigen Situation vor dem Selbstmord gerettet; es lebt noch stets in ihm und doch will er es nicht akzeptieren. Zwar hat er nach der Pubertät diese kindliche Frömmigkeit abgestreift, sie lebt aber unbewußt in ihm weiter. An der Oberfläche des Bewußtseins erscheint mit der Geschlechtsreife ja eine neue seelische Möglichkeit, die es erlaubt, den Verstand ohne Glauben zu gebrauchen. Dadurch entsteht aber gerade dieser Konflikt von Wissen und Glauben, in dem sich Faust in dieser Ostersituation befindet. Einerseits tauchen die Andachtskräfte der Kindheit in voller Stärke in ihm auf, andererseits ist er derart in seinem Verstand festgezurrt, daß er sagen muß:

Die Botschaft hör' ich wohl, allein mir fehlt der Glaube.

Studierzimmer II

Zurückgekehrt vom Osterspaziergang, auf dem Wagner durch Faust in die Grundgesetze der Alchemie eingeführt worden ist, könnte man sich vorstellen, daß Faust nach all dem Erlebten nun das tiefe Bedürfnis empfindet, sich in das Christentum zu vertiefen. Und tatsächlich steigen tiefe Andachtskräfte in seinem Inneren auf:

> Verlassen hab' ich Feld und Auen,
> Die eine tiefe Nacht bedeckt,
> Mit ahnungsvollem, heil'gem Grauen
> In uns die bess're Seele weckt.
> Entschlafen sind nun wilde Triebe
> Mit jedem ungestümen Tun;
> Es reget sich die Menschenliebe,
> Die Liebe Gottes regt sich nun.

(V. 1178-1185)

Unvermerkt treten die Erlebnisse der Osternacht wieder in ihm auf und eine ruhige, sichere Liebe strömt um ihn. Doch da fängt jener Pudel an zu knurren, der schon während des Osterspazierganges seine Kreise langsam um ihn herum gezogen hat und ihm schließlich nachgetrottet ist. Es ist der Pudel in ihm selbst, der zu knurren anfängt, sein kalter Intellekt.

Dieses Knurren stört Faust und reißt ihn aus der Andachtsstimmung heraus, die ihn gerade umgeben hat. Dadurch kann er auf eine andere Qualität in sich aufmerksam werden. Er bemerkt, daß er dieses kalte intellektuelle Denken, das ihn jetzt bei der Vertiefung in die christliche Liebe stört, überwinden muß. Wie kann er diese Haltung überwinden? Faust, der heidnische Streber, greift zum Neuen Testament, um den Prolog des Johannes-Evangeliums aus dem Urtext in sein gebliebtes Deutsch zu übertragen. Bei diesem ÜbersetzungsVersuch kommt das Wesentliche zur Erscheinung, das sich beim Heruntersteigen des Christus-Logos verwirklicht. Faust sucht nach dem Wort, dem Logos, und findet die Stufen der Erscheinung des Wortes in den Übertragungen:

Im Anfang war das Wort!	(V. 1224)
Im Anfang war der Sinn!	(V. 1229)
Im Anfang war die Kraft!	(V. 1233)
Im Anfang war die Tat!	(V. 1237)

Während dieser Arbeit an der Übertragung des Prologes des Johannes-Evangeliums, also auf der Suche nach den innersten schöpferischen Kräften, wird Faust fortwährend durch den Pudel gestört, der auch in ihm selbst ist. Es gelingt ihm nicht, die schöpferischen Kräfte zu erreichen, vielmehr wird Faust durch diese Störungen – ohne daß er es bemerkt – zu der Überzeugung geführt, daß es allein auf die Tat ankomme. Er ist damit bei dem nur Äußerlichen angekommen. Faust hat nicht beachtet, daß die Tat nur dann Menschentat ist, wenn sie aus dem geistigen Wesen des Menschen stammt und sich im Durchgang durch diese vier Stufen verwirklicht. Im schöpferischen Verwandlungsprozeß verwirklicht sich der Logos aus dem geistigen Urquell bis hin zur Tat. Faust bleibt hier bei dem äußerlichen Produkt stecken. Wie oft geschieht es, daß das eine oder andere auf diesem Stufenweg verloren geht. Gerade damit sieht man hinein in die ganze Problematik des Bösen. Faust kommt nicht weiter, denn der Pudel knurrt, und der, der keinen Glauben hat, wendet sich an Christus, um sich gegen den Pudel zu behaupten; er schlägt das Kreuz.

Verworfnes Wesen!
Kannst du ihn lesen?
Den nie Entsprossnen,
Unausgesprochnen,
Durch alle Himmel Gegoßnen,
Freventlich Durchstochnen? (V. 1304–1309)

Kaum hat Faust diese Worte gesprochen, schält sich der Kern aus dem Pudel und all, den anderen Verwandlungen, in die er zwischendurch hineingeschlüpft ist: es ist Mephistopheles. Statt den Logos im Inneren zu ergreifen, kommt es nun zum Pakt zwischen Mephisto und Faust, also zur Verbindung mit dem Bösen. Diese Verbindung mit dem Bösen ist für Faust unbedingt notwendig, damit er dasjenige kennenlernen kann, was in seinem Unterbewußtsein lebt: die Suche nach Weisheit, Liebe und Stärke. Von diesen drei hat Mephisto nur aus dem Gebiet der Liebe nichts abbekommen, er ist vollständig lieblos, hat aber einen Teil der Weisheit und einen Teil der Stärke durch jenen Vertrag zwischen den guten und den bösen geistigen Mächten erhalten, der im «Prolog im Himmel» geschlossen worden ist. Allerdings treten diese Kräfte vermischt in ihm auf.

Faust und Mephisto

Kaum ist der Pakt geschlossen, stürzt sich Faust hinein ins volle Menschenleben. Zunächst bringt ihn Mephisto in «Auerbachs Keller», wo er ihn herunterzuziehen versucht in den Alkoholgenuß. Der Alkohol hat über lange Zeit eine gewaltige Rolle in der Menschheitsentwicklung gespielt, hatte seinen Sinn vor allem in den vorchristlichen Mysterien und im Alten Testament. In diesen Zusammenhängen wurde der Alkohol als Mittel gebraucht, um das Geistig-Seelische des Menschen stärker mit dem Körperlichen zu verbinden. Der Alkohol war so lange sinnvoll, bis diese Verbindung genügend stark hergestellt war. Zu dieser Zeit trat Christus als der neue Weinstock auf: «Ich bin der wahre Weinstock» (Joh. Ev. 15,1). Mephisto versucht daher, Faust zurückzuversetzen in die vorchristliche Zeit und gleichzeitig in das sinnlich-materielle Leben. Zu diesem gehört auch das «Lied vom Floh» (V. 2211 ff.), das eine tiefe hämische Karikatur des Logos und der selbstlosen Liebe ist. Faust mischt sich allerdings in «Auerbachs Keller» nicht in diese von Mephisto inszenierten Sachen hinein. Er bleibt Zuschauer.

Nach diesem Besuch wird Faust als nächstes zur «Hexenküche» geschleppt, wo er durch die entsprechende Drogenbehandlung ewige Jugendkraft erhalten und in das sinnlich-sexuelle Gebiet hineinversetzt werden soll. Es wird ihm eine Tinktur verabreicht, durch deren Kraft er ganz ins Persönlich-Egoistische herunter gezogen werden soll, auch damit später Gretchen verführt werden kann. Mord wird sich an Mord reihen auf dem kommenden Weg, vierfacher Mord. Tötung oder Mord findet sich immer auf dem Weg der schwarzen Magie. Dort, wo das Zerstören mit den Sexualkräften verbunden wird, geht der Weg schief, kommt man in die schwarze Magie hinein. Die ganze Gegenwartssituation ist davon durchzogen. Es handelt sich dabei um Kräfte, die der egoistischen Machtentfaltung dienen und von manchen auch ganz bewußt eingesetzt werden. Obwohl Faust in diese schwarzmagische Praxis mit hereingezogen wird, kann man oleichzeitic sehen, daß in ihm der wahre, werdende Mensch mit der großen Kraft der Liebe nicht ausgerottet ist. Tiefe, wahre Liebe und Abgeglittenes sind in ihm ganz dicht beieinander. Faust kann doch, obwohl er alle Zauberstücke Mephistos mitmacht, das Urbild (V. 2429 ff.), zu dem hinstrebt, immer sehen.

Faust ist den Pakt mit Mephisto eingegangen und wird nun immer mehr in schreckliche Taten verwickelt. Doch für ihn werden diese Geschehnisse gleichzeitig zum Erfahrungsweg, auf dem er sich auseinandersetzt mit dem Fluch des Bösen. Und dabei geschieht etwas Neues mit ihm.

In «Wald und Höhle» richtet sich Faust erneut an den Erdgeist. Wer ist der Erdgeist? Im Studierzimmer hatte Faust ihn herausgefordert und er war ihm in der Flammenbildung erschienen (V. 481 ff.). Nun, in «Wald und Höhle», spricht Faust zu jenem Geist, den er «Schreckliches Gesicht» (V. 483) genannt hatte, mit den Worten:

Erhabner Geist. (V. 3217)

Faust steckt jetzt nicht mehr im Schabernack mephistophelischer Zerstreuungen, er ist jetzt hell bewußt denkend und ohne irgendeine Entfremdung drinnen im Innern der Natur:

Gabst mir die herrliche Natur zum Königreich,
Kraft, sie zu fühlen, zu genießen. Nicht
Kalt staunenden Besuch erlaubst du nur,
Vergönnest mir, in ihre tiefe Brust,
Wie in den Busen eines Freunds zu schauen.
(V. 3220–3224)

Die tiefe Andachtsfähigkeit, die Fähigkeit der Willensergebenheit, der Liebe zum Göttlichen, diese Fähigkeiten sind in ihm aufgestiegen und haben sein Denken geöffnet.Diese tiefen Andachtskräfte der Ergebenheit des Willens und der Liebe – hinaufgenommen mit der lichtvollen Kraft des Denkens – öffnen Pforten, so daß das Denken mitgehen kann mit der Ergebenheit der Andacht, der Liebe. Niemals reicht das Denken allein zum Schwellenübertritt; es müssen Andacht und Liebe hinzukommen, ja sie sind gewissermaßen eine Voraussetzung.

Im «Studierzimmer» war der Erdgeist für Faust noch ein fremdes, großes Wesen gewesen, in «Wald und Höhle» ist Faust selbst in diesem Wesen ganz darinnen. Es ist derselbe Geist, und Faust fühlt, daß dieser Geist Mephisto geschickt hat, da er der göttliche Urquell, die Christus-Wesenheit ist, die sich mit der Erde verbunden hat. Er empfindet, daß dieses Wesen zunächst im Unterbewußtsein, im Gefühl, in der Andacht lebt, und Faust beginnt nun, dieses hell bewußt mitvollziehen zu können. Wahrnehmen und Denken, dieser Lichtseelenprozeß, sind auf eine neue Stufe aufgestiegen, langsam sich emporhebend, abwechselnd mit einem Pendelschlag nach außen und einem Pendelschlag nach innen. Es ist eine Vereinigung von Hingabekraft und Stärke des eigenen Ich. In diesem Vorgang liegt zugleich eine große Problematik der Gegenwart, denn man verdrängt heute gerne eine Seite zugunsten der anderen.

Im Bild findet man beide Seiten in der «Faust»-Dichtung Goethes beschrieben als die Irrlichter und die Hexen. Auf der einen Seite findet sich die Schwärmerei des Gefühls, in der keine Richtung da ist, keine Orientierung. Dadurch, daß das Licht des Denkens fehlt, beginnt das Gefühl in alle möglichen Richtungen zu schwärmen und man hat die Irrlichter vor sich. Auf der anderen Seite sieht man in den Hexen die alleinlaufende Andacht und Liebe, gesteigert bis zur herauslaufenden Sexualität. In den Urzeiten, bevor die Jahrtausende fast ausschließlicher Männerherrschaft begannen, lagen große, oft aber chaotische Möglichkeiten in den Sybillen, jenen Frauen, die die kosmische Verbindung zu den Tiefen der geistigen Welt innehatten. Als ihre Zeit zu Ende ging, trennte sich das kalte Denken von den tiefen Willenskräften, die sozusagen abgetrennt in den Hexen für sich weiterleben.

Zu Mephistos Schachzügen gehört es, daß er Faust in der Walpurgisnacht mit zu den Hexen schleppt. Während in ältesten Zeiten der Frühlingstag (Frühlings Tag- und Nachtgleiche) Ende April/Anfang Mai lag, hat sich der Frühlingspunkt bis heute auf den 21. März vorverschoben. Noch immer versammeln sich die Hexen aber in der Walpurgisnacht zum 1. Mai, obwohl der richtige Zeitpunkt heute in der Nacht zum 21. März liegt. Vor 3000 Jahren war dieser Zeitpunkt für die Walpurgisnacht ganz in Übereinstimmung mit den kosmischen Tatsachen, heute ist er es nicht mehr. Weil sie verschoben auftreten, zurückgeblieben, sind die Hexen böse geworden, denn was zurückbleibt wird böse. Es sind aber unentbehrliche Kräfte, die sich nach Erlösung aus ihrer Verschobenheit sehnen.

Mephistopheles selbst ist eine Mischgestalt, in der das kalte, kritische, intellektuelle Denken, das im Extrem zur Veräußerlichung, ja bis zum Tod führen kann, zusammentrifft mit der aufpeitschenden leidenschaftlichen Willkür, der Subjektivität. Dieses mephistophelisch Böse ist massiv wirksam. Es sind überall wirkende Wesenheiten, wo man auch auf sie stößt.

Nach zwei Richtungen, die der eigenen Spaltung im Menschen entsprechen, kann der Mensch das Böse erleben. Allerdings kann das gesamte Seelenleben, diese beiden bösen Fähigkeiten eingeschlossen, indem man es ruhig in sich beobachtet, zum Wahrnehmungsorgan umgewandelt werden. Diese Möglichkeit wird von J. W. Goethe angedeutet mit dem, was er «mein geheimes Prinzipium» nennt.[3] Tropfenweise, aber nie mit der Absicht, es zu systematisieren, tritt davon etwas in den Tagebüchern hervor.[4] So z. B. wird die Seele als ein optisches Phänomen angeschaut, bei dem man in der einen Richtung die Farben Gelb, Orange Rot findet, in der anderen Blau und Violett. Auf der Seite der gelben orangen und roten Farbe findet Goethe solche Seelenkräfte wie Freude, Hoffnung und Liebe, auf der Seite der blauen und violetten Farbe hingegen Furcht, Trauer und Schmerz. Der Mensch trägt in sinnvoller Ordnung das ganze Spektrum in sich. Solange dieses Spektrum der Seelenkräfte trübe und das Denken abstrakt ist, kann der Mensch damit nicht schauen. Erst indem das Seelenleben durch die Beteiligung des Denkens durchsichtig wird, kann es zum Wahrnehmungsorgan gebildet werden.

Wieder allein in «Wald und Höhle» bemerkt Faust, daß Mephisto für ihn noch lange nicht überwunden ist. Diese Kräfte stecken noch mächtig in ihm drinnen. Was ist nun der Fluch des Bösen. Es beginnt oft sehr klein, dann fängt es an zu wachsen, wird größer und größer und bekommt schließlich die Kraft einer Lawine. So ist es auch in der Gretchentragödie, in die Faust hineingeraten ist. Mephisto wollte irgendjemanden für Faust haben, nicht speziell Gretchen. Aber sie ist es. Und hier ist er dem Fluch des Bösen unterworfen. Es ist immer so mit den bösen Wirkungen, daß sie vom Schneeball zur Lawine wachsen. Sie steigern sich durch den Fluch des Bösen. Gretchen gehört zu Faust wie Faust zu Gretchen. In jeder Biographie gehören Menschen zusammen. Einerseits empfindet Faust eine tiefe, wahre Liebe zu Gretchen, andererseits ist da das Hexenhafte, Selbstgenießende in ihm, für das Gretchen nur ein Objekt ist. Um dieses Objekt zu erlangen, wird die Mutter vergiftet, der Bruder ermordet. Mit der Geburt des gemeinsamen Kindes wird Gretchen wirr, ihre Gedanken fließen auseinander, sie wird zur Kindsmörderin. Später geht sie selbst zum Schafott.

Alles, was zu diesen Morden führt – direkt oder indirekt – kommt von Mephisto in Faust. Gleichzeitig mit diesem Geschehen steigt Faust aber zu einer Schicksalsbegegnung mit Gretchen auf. In seiner Erkenntnisfähigkeit erwachen Weisheit, Liebe und Stärke aus der unbewußten Sehnsucht. Allerdings bleibt bei Faust die Liebe sehr im Hintergrund, die bei Gretchen ganz groß ist. Sie hat dafür nicht soviel Weisheit, nicht soviel Stärke. Bei ihr leuchtet die Kraft der selbstlosen Liebe in reinster Stärke hervor, in einer Treue, verglichen mit der Faust zwergenklein ist. Die Beziehung zu einem anderen Menschen gehört ja zum Tiefsten des Menschen und dieses Tiefste kann nur in Treue gepflegt werden, sonst muß man wieder ganz von vorn anfangen. Treue aber kann selbst nur aus dem tiefsten Wesen des Menschen entwickelt werden. Mitten in der Verführung durch Faust singt Gretchen das «Thule-Lied», jenes große Lied von der ewigen Treue über den Tod hinaus. Das taucht auf bei Gretchen; sie ist treu, unerschütterlich treu über den Tod hinaus. Und mittendrin macht sich in Faust das wüste Toben Mephistos bemerkbar. Er wird zum Verräter, zum Gegenbild des Königs von Thule – und dennoch liebt ihn Gretchen.

Aus dieser wahren, treuen Liebe will Mephisto den Faust wegzerren; drängt ihn zur Walpurgisnacht. Mephisto versucht nun alles, was in seiner Macht liegt, um Faust von Gretchen abzulenken. Faust soll Gretchen total vergessen, indem Mephisto ihn in das Sinnlich-Abgetrennte herunterzuziehen versucht. Faust taucht ein in alle irrgeleiteten Formen des Gefühls und des Wollens, in Mammon und Sexualität. Zunächst soll er das Glühen des Mammon im Berg sehen und ganz in die Geldmacht verwickelt werden. Dann soll er im Gewirr der Zauberwelt und im Tanz mit der jungen Hexe Gretchen völlig vergessen. Gleichzeitig trifft er in der Walpurgisnacht auf alles Verkrustete, Alte. Gerade da, wo etwas in der Seele sklerotisiert, kommt auf der anderen Seite das Leidenschaftliche heraus. Wo die Seele leidenschaftlich ist, stellt sich das Kalte, Tote, Trockene ein. Beides ist immer gleichzeitig da. Wenn der Mensch im Denken und Wollen aufsteigt, indem er beides sich verstärkend übt, braucht er Ruhe, um Stärke, Schöpferische aufzubauen. Wenn er dieses nicht finden kann, kommt die Neigung zur Sensation. Faust strebt deshalb auf zu den Gipfeln, um das Rätsel des Bösen zu lösen. Dieses läßt sich aber nie einfach festhalten.

Zunächst kann man drei Stufen des Bösen erkennen, wenn man ihm auf die Spur kommen möchte.

Als erstes findet sich die kindlich-naive Stufe, auf der der Mensch das Böse verneint, nichts mit dem Bösen zu tun haben will. Hier distanziert man sich vom Bösen.

Wenn die Kräfte der Seele stärker geworden sind, können die inneren Andachtskräfte der Ergebenheit emporgehoben werden. Auf dieser nächsten Stufe kann das Böse angeschaut werden. Es wird transparent. Auf dieser Stufe erst kann Faust dem Erdgeist begegnen und ihn mit «Erhabner Geist» ansprechen. Die Konfrontation mit dem Bösen wird zum Mittel der Erkenntnis.

Auf einer dritten Stufe können die Kräfte des Bösen dann verwandelt und erlöst werden. Was hier geschehen kann, ist keine Erlösung vom Bösen, es ist eine Erlösung des Bösen.

Darin liegt ein Geheimnis in Goethes «Faust». Während bei

früheren «Faust»-Darstellungen Faust am Schluß vom Teufel geholt wird, ist es bei Goethe umgekehrt. Faust holt den Teufel, denn der Teufel selbst soll verwandelt werden. Das ist die dritte Stufe auf diesem Weg der Konfrontation mit dem Bösen. Nach der Walpurgisnacht kann Faust dann die Folgen seiner Taten im Verhältnis zu Gretchen ganz genau sehen. In einem wilden Ausbruch stellt er Mephisto zur Rede (s. «Trüber Tag, Feld»). Er weiß nun, daß Gretchen im Kerker an Ketten gefangen ist. Dort im Kerker kann sie nicht mehr ganz klar im Bewußtsein sein; Klares und Unklares sind gemischt. Erst am Ende wird sie wieder klar und voll bewußt, in der unerschütterlichen Treue und Liebe will sie sich nicht herunterziehen lassen von Mephisto. Mittendrin in dieser zerrissenen Seelen-Situation taucht in Gretchen nun etwas viel Tieferes auf, das Märchen vom Machandelbaum. In diesem Märchen ist das ganze Logos-Mysterium verborgen enthalten. Am Anfang war das Wort, der Sohn stieg herunter auf die Erde, wurde gekreuzigt und ist auferstanden. Es ist das Christus-Geheimnis der Osternacht und des Ostermorgens.

Im Wahnsinn im Kerker taucht dieses Bild bei Gretchen auf, aber sie kann es nicht zusammenhalten, es wird karikiert. Sie hat sich mit dem Sohn identifiziert. Es ist der Auferstandene, der in ihr lebt und in Traumbildern in ihrem Bewußtsein auftaucht. In ihrem Herzen aber lebt diese Kraft unerschütterlich, stark, kräftig und eindeutig. Diese Kraft trägt auch Faust, denn die Treue trägt über den Tod hinaus.

Karneval und die Suche nach den Urquellen der schöpferischen Kräfte

Am Ende des I. Teils des «Faust»-Dramas ist Faust an einem Tiefpunkt angekommen. Auch wenn Mephisto alle Taten angezettelt hat, so ist Faust doch durchaus mitschuldig geworden. Er ist an einem wirklich sehr fortgeschrittenen Tiefpunkt angekommen, an dem sich die Frage nach seiner Schuld unmittelbar stellt. Im Kerker hatte Mephisto über Gretchen gerufen

Sie ist gerichtet! (V. 4611)

während eine Stimme von oben tönte

Ist gerettet! (V. 4612)

Ist Faust damit auch gerichtet? Im Dom, als Gretchen verzweifelt ringt, sind bereits die Worte des Richters im Chor erklungen:

> Judex ergo cum sedebit,
> Quidquid latet adparebit,
> Nil inultum remanebit
>
> (V. 3813–15)

Diese Worte des Richters haben über Jahrtausende – ausgeprägter zumindest seit dem Römischen Reich – die Regeln für das irdische Leben festgesetzt. Dieses Strafverständnis für die irdische Welt wird hier auf die göttlichen Verhältnisse übertragen. So hat man sich auch den großen Weltenrichter vorgestellt als den, der «von oben» über richtig und falsch urteilt. Es ist eine mittelalterliche Stimmung, die in diesem lateinischen Hymnus zum Ausdruck kommt. Das ist in einem gewissen Sinne auch berechtigt, es muß aber erweitert werden. Würde Faust nur die eigene Schuld empfinden, so müßte er für den Rest seines Lebens in Melancholie versinken. Jeder von uns hat diese schrecklichen Seiten in sich, jeder von uns hat aber auch unendliche Möglichkeiten in sich, wahrscheinlich viel größere als wir denken. Letzteres gilt auch für Faust. Seine Taten müssen nun in einen größeren Zusammenhang gestellt werden. Es muß weitergehen.

Der II. Teil beginnt dann unmittelbar mit der Ariel-Szene, in der die Elfen zu Faust, nicht zu Mephisto, kommen und Ariel ihn mit den Worten empfängt:

Ob er heilig, ob er böse,
Jammert sie der Unglücksmann.

(V. 4619f.)

Im kleinen Maßstab sind solche Zäsuren auch im gewöhnlichen Leben wahrzunehmen. Man erwacht am frühen Morgen frisch und munter, auch wenn am vorausgegangenen Tag schreckliche Dinge geschehen sind. So gibt es zwischen dem I. und dem II. Teil diese tiefe Zäsur, die auch für Goethe selbst vorhanden war. Auch er mußte neue Erfahrungen machen, um Neues dichten zu können, um gerade das zu beschreiben, was aus dem tief-ernsten, lebenswahren Gefühl kommt. Um diese Zäsur aber in der Dimension zu begreifen, die sie hier hat, muß man noch mehr von dem erfahren, was in den Tiefen der Menschenseele vorgeht. Der bewußte Mensch ist ja nicht der ganze Mensch. Zwar sind das tief wesentliche Seiten, aber sie sind eben nicht die einzigen im Menschen. Man muß in der Erkenntnisbemühung darüber hinausgelangen. Nimmt man z.B. einen Tag mit den fürchterlichsten Ereignissen, Enttäuschungen etc., so geschieht es eben doch, daß man am nächsten Morgen erfrischt aufwacht. Daran kann man bereits sehen, daß dasjenige, was sich im Wachbewußtsein abspielt, nicht das Einzige ist. Andere Kräfte tauchen auf in der Ariel-Szene, in der Faust von den Elfen empfangen wird und in der er sich von allem, was zuvor geschehen ist, erholt.

Im Übergang vom I. zum II. Teil setzt Faust nun sein gesamtes Streben in einen viel größeren Zusammenhang. Die Welt ist ja weit tiefer und größer als ein kleiner Gerichtshof auf der Erde. Der werdende Mensch sprengt alle diese Grenzen der Gerichtshöfe, der gegebenen Ordnungen etc. Das bedeutet aber nicht, daß die Folgen der Taten ausgelöscht werden. Jede Tat hat ihre Wirkungen. Ihnen gegenüber kann man sich aber die Frage stellen: Was machst du jetzt mit den Folgen deiner Taten. Wie findest du die Kraft, die Schulden, die du dir aufgeladen hast, auch zu tragen? Will man hier weiterkommen, kann man nicht bei dem einen Erdenleben stehenbleiben. Solange man allerdings nach «richtig» und «falsch» urteilt, braucht man über die Grenzen des Erdenlebens nicht hinauszuschauen. Nimmt man jedoch den größeren Gesichtspunkt ein, so kann man bemerken, wie die Folgen der Taten hinüberwirken in das nächste Erdenleben. Da steht man nun vor einem Doppelten: Auf der einen Seite herrscht die Unerbittlichkeit der Folgen der eigenen Handlungen, auf der anderen Seite ist es doch möglich, daß man sich aus den tiefsten Quellen erholt. Der Mensch braucht wahrhaftig Erholung – und zwar jede Nacht. An jedem Tag kommen selbstverständlich neue Folgen für jeden folgenden Tag. Es ist gerade die Erholung aus der Nacht, die den werdenden Menschen befruchten kann, die Erholung aus dem Eintauchen in das Meer der geistigen Welt, auch der geistigen Naturwelt.

Durch die Erholung erwirbt sich Faust neue Gaben aus der geistigen Welt, nachdem er zuvor die ganzen leidvollen, schmerzlichen Erfahrungen durchgemacht hat. So kann nun – mit dem

II. Teil – eine neue, höhere Stufe kommen; Faust beginnt seine Fahrt in die große Welt.
Im II. Teil ist alles hineingestellt in die Objektivität des Weltganzen, in die große Welt der Menschheitsgeschichte. Dieser neue Schritt ist für Faust nur möglich, weil er aus dem geistigen Naturganzen geheilt wird und diese Heilungskraft in sich selbst zur Entfaltung kommen läßt. Er verdankt es Ariel, der die Elfen mit den Worten:

> Entfernt des Vorwurf glühend bittre Pfeile
>
> (V. 4624)

zur Tätigkeit aufgefordert hat. So kann Faust nun mit einer ganz neuen Ruhe zu sprechen beginnen, denn er ist schon drinnen in diesem lebendigen Atemzug. Inneres und Äußeres klingen zusammen in seinen Worten:

> Allein wie herrlich, diesem Sturm ersprießend,
> Wölbt sich des bunten Bogens Wechseldauer,
> Bald rein gezeichnet, bald in Luft zerfließend,
> Umher verbreitend duftig kühle Schauer.
> Der spiegelt ab das menschliche Bestreben.
> Ihm sinne nach, und du begreifst genauer:
> Am farbigen Abglanz haben wir das Leben.
>
> (V. 4721 ff.)

Kaiserliche Pfalz

Der erste Schritt, mit dem Faust sich öffnet und die große, soziale Welt betritt, führt ihn in die «Kaiserliche Pfalz». Eine neue Stufe wird probiert. Die Situation, die er dort antrifft, hat man sich etwa im 15./16. Jahrhundert vorzustellen. Plötzlich tritt in dieser Umgebung Mephisto als Narr auf, als kaiserlicher Berater, dem es nun nicht mehr um kleine, persönliche Liebesaffären geht, sondern um den Staat. In diesem Staat gibt es ein Hauptproblem, es fehlt das Geld. Mitten in dieser Situation beginnt nun Mephisto eine bestimmte Idee darzustellen. Dabei spricht er ein Doppeltes an. Er berichtet von Schätzen, die tief unten in der Erde vorhanden sind. Er spricht zwar von physischen, tatsächlich vorhandenen Goldschätzen, man spürt aber den Doppelsinn. Es sind nicht nur die vergrabenen Goldschätze, sondern es ist auch «die Unterwelt da unten», die verborgen ist und die man eigentlich nicht kennt. Da man vermutet, daß dieses alles da ist, kann man nun oben auf der Erdoberfläche einen Schein herstellen. Das heißt, man kann für dasjenige, was da drunten sein soll und von dem man sich vorstellt, daß es da ist, das man aber noch nicht gesehen hat, einen Schein herstellen und damit das Papiergeld erzeugen. Dann aber hat man doch nur ein Papierstück in der Hand, das selbst nichts ist. Gerade dadurch, daß dieser Schein in den großen Zusammenhang des Staates gestellt wird, kann er aber große Wirkung bekommen. Dies wird verstärkt durch eine weitere Möglichkeit; man kann beliebig viele Scheine drucken. Und jetzt kommt die große Illusion, bei der das Papiergeld mit doppelter Funktion eingesetzt wird. Daß man vom Geld, vom Metallgeld, zum Papiergeld übergeht, ist nur eine Zwischenstufe zum nächsten Schritt, wo wir heute sind. Wir benutzen Computer, es gibt Zahlen auf den verschiedenen Bankkonten, das eine wird auf das andere übertragen, in den meisten Fällen ohne daß überhaupt Scheine da sind. Es sind nur Zahlen in Computern in der großen Weltwirtschaft. Die Scheine sind natürlich da, aber im Verhältnis zu der eigentlich großen Weltbuchhaltung der Computer ganz am Rand. Eine Stufe dorthin ist dieses Papiergeld und dieser Weg ist absolut unentbehrlich für die Erweiterung der Wirtschaft von dem kleinen Dorf zur ganzen Erde.

Im kleinen Dorf braucht man weder die Computer noch das Papiergeld. Da kann man Warenaustausch betreiben und eventuell einige Metallmünzen haben. In dem Augenblick aber, wo dieser große Schritt in die Weltwirtschaft gemacht werden soll, muß etwas getan werden in bezug auf das Geld. Und da setzt Mephisto ein. Was er tut, wird bahnbrechend für den Weg in die Weltwirtschaft, die unentbehrlich ist für die ganze Menschheit. Die ganze Menschheit unserer Erde wird dadurch in eine Zusammenarbeit kommen. Das ist die positive Seite dieser Erfindung. Sie ist begleitet von der riesengroßen Gefahr, daß dieses Nahe, Unmittelbare verlassen wird, wo man etwas kauft von einem Menschen, den man kennt, und wo ein Austausch da ist, klein, überschaubar im Dorf. Wenn man jetzt in dem großen Zusammenhang lebt, beginnt es, anonym zu werden. Und das fordert eine höhere Erkenntnisstufe des Menschen in der geistigen Zusammenarbeit, damit das Gleichgewicht gehalten werden kann.

Eine starke, geistige Schicksalsgemeinschaft kann auch die Geldwirtschaft auf der ganzen Erde tragen. Wenn diese fehlt, dann beginnt die große Weltwirtschaft in den Computern, in den großen Banken so zu wirken, daß die Menge nur nachlaufen möchte. Sie muß nicht einmal selbst wissen, was geschieht. Der Dollar steigt, der Dollar sinkt. Die Prognosen sind immer so, daß sie am besten sind, wenn sie nur für den vorigen Tag gelten und nicht vorausschauen. Man ist in einem Strom drinnen, wo ganz offensichtlich ist, daß ihn die leitenden Wirtschaftler nicht beherrschen. Es ist ein großes Anonymes, was da entstanden ist, wächst und wächst. In diesem großen Spiel haben nicht nur Spekulanten einen wüsten Zugang. Das ist ja ein Hauptproblem, daß Tausende Schmarotzer da sitzen und sehen, die die Kurse steigen und fallen, und, wenn sie nur richtig raten, Millionen heraushaschen oder verlieren. Und gerade das Spiel der Schmarotzer-Spekulanten dringt wie eine objektive Kraft hinein. Das ist aber das kleinste Übel mit diesen Spekulanten und Schmarotzern. Es gibt unheimliche Mächte, politische, militärische Mächte, die in dieses Spiel einziehen und vor allem versuchen, es zuzudecken: Bankgeheimnis!

Dieses Ganze taucht in der «Kaiserlichen Pfalz» mit den starken unentbehrlichen, positiven Seiten für die nächsten Jahrhunderte und Jahrtausende auf. Es gibt keinen Weg zurück zum kleinen Dorf. Man muß diesen Weg mit den unermeßlich großen Machtschattenseitten durch den Mammon, das Geld gehen. Am Anfang der romantischen Walpurgisnacht begann dieses schon mit dem rot-glühenden Mammon aus dem Untergrund. Aber es war nur wie eine kleine Andeutung. Jetzt kommt es breit heraus: Das Geld als Hauptmotiv beim Kaiserlichen Hof.

Wie wird das in Szene gesetzt. Nicht im geringsten bewußt durchdacht, etwa mit dem Blick auf die Folgen, wo man weiß, was jetzt in der geistigen Gemeinschaft entstehen muß, um Gleichgewicht zu halten. Dies geschieht nicht, vielmehr kommt der Karneval, der Mummenschanz, Spaß und Spiel, ein großes, abenteuerliches Fest, bei dem die ganze Gesellschaft in Erscheinung tritt in allen Stufen und Variationen. Ein buntes, wunderbares Bild, wo man sieht, wie die Menschen drinnen taumeln, genauso wie in der großen Gesellschaft der Gegenwart. Man wird getrieben und gestoßen und glaubt, man selber treibe, doch man wird genausosehr getrieben wie in dem Großen bei den verschiedenen Pflichten. Am entscheidenden Punkt im Karneval kommt der Kaiser maskiert als Pan. Er hat das Unterschriftsrecht für seinen Zusammenhang und muß den neuen Schein unterzeichnen, sonst würde das Ganze nicht funktionieren. Er wird hereingerollt und mitten in diesem Tobenden, Wühlenden, das da vor sich gehen soll, reicht ihm jemand das Papier und er gibt seine Unterschrift, ohne zu wissen, was er unterschreibt. Am nächsten Morgen weiß er nicht, daß er unterschrieben hat. Bei dem entscheidenen Menschen für diese Sache liegt eine Bewußtseinstrübung vor in bezug auf die Verantwortlichkeit. Gerade das ist ein Hauptproblem der Gegenwart, wenn Menschen in den verantwortlichen Stellen plötzlich nicht ganz bei Sinnen sind. Sie sind getrübt, wodurch plötzlich etwas anderes aus dem Hintergrund hereinwirken kann, das etwas will. Schauen Sie auf die oberste Leitung der Vereinigten Staaten. Da könnte man erwarten, daß diejenigen, die die Verantwortlichkeit haben, bei jedem Schritt genau wissen, was sie tun, und daß das offen liegt. Dann sieht man aber, daß es getrübt ist. Mittendrinn in diesem Karneval läßt man den Kaiser unterschreiben, ohne daß er weiß, was er unterschreibt, und am nächsten Morgen hat er es vergessen. Sofort wird nun Papiergeld gedruckt. Das Ganze ist schon nicht mehr aufzuhalten, es läuft von selbst. Dadurch wird das Geschehen gleichzeitig hineingestellt in eine größere Perspektive. Aus dem Untergrund strömt etwas wie ein magisches Zauberstück hervor, bei dem Mephisto alles durch die Suggestion der anwesenden, maskierten Personen macht. Es sind nicht Individualitäten, die sich offen – sich gegenseitig wahrnehmend – treffen, es sind Masken neben Masken, wie in der großen Gesellschaft der Gegenwart. Wenn dieses dann beginnt vermischt zu werden mit den Geldprodukten, kann man reich werden ohne Arbeit, wenn man nur zupackt. Gerade an dieser Stelle mischt Mephisto die Begierde, das Sexuelle in das Ganze hinein. Diese beiden Kräfte spielen immer zusammen: Blut und Geld, Leidenschaft und Macht. Wenn sie nicht durchschaut, nicht emporgehoben werden zur Seelenlandschaft des Regenbogens – «am farbigen Abglanz haben wir das Leben» –, wo voll bewußt durchschaut wird, was da alles vorgeht, agieren sie untergründig und gehen gerade deshalb wilde Wege, sowohl in Richtung der Geldmacht wie der Sexualtriebe. Es ist ein Bild der Gegenwart, besonders des 20. Jahrhunderts.

Warum taucht ständig bei Mephisto dieses sexuelle Motiv auf? Es ist nicht von ungefähr. Mephisto trägt zwei Seiten in sich, die gleich stark sind, auf der einen Seite das Zynisch-Kritische, völlig Veräußerlichte, das hineinschießt in die äußere Geldmacht, und dann die ganz andere Seite des Aufputschens der Leidenschaften, die nicht emporgehoben werden zur Seelenlandschaft des Regenbogens in der Sonne. Beide Seiten wirken im Karneval, im Mummenschanz. Und als das Entscheidende in getrübtem Bewußtsein schon vor sich gegangen ist, flammt es auf. Die Macht der Flamme, des Feuers beginnt klein, wird größer und größer. Aus dem Untergrund steigen die nicht durchschauten Mächte herauf. In der ganzen Technologie der neueren Zeit gibt es solche Vorfälle. Man strebt vorwärts und plötzlich geschehen dann Dinge, die man nicht mehr beherrscht, mit Rückschlag auf die ganze Natur, Weltenbrand auf dem Weg. Das kann man auch im Karneval sehen. Wie in einem Spiel taucht dieser Weltenbrand als Möglichkeit auf. Faust und Mephisto haben das alles durch Suggestion wie in einem Spiel bewirkt. Deshalb ergreift Faust in dem Augenblick, wo der Herold nichts mehr von der ganzen Sache versteht, den Stab und beginnt, das Ganze zu leiten. Indem er es leitet, tritt das Umgekehrte zur Bewußtseinstrübung ein. Faust erscheint in der Gestalt des Plutus. Der Kaiser unterschreibt mit scheinbarer, angeblicher Verantwortlichkeit, worauf dann Plutus, das heißt Faust, sagt:

> Wir müssen uns im hohen Sinne fassen
> und, was geschieht, getrost geschehen lassen,
> Du bist ja sonst des stärksten Mutes voll.
> Nun wird sich gleich ein Greulichstes eräugnen,

nämlich Karnevalsschein des Weltenbrandes, des Kommenden

> Hartnäckig wird es Welt und Nachwelt leugnen:
> Du schreib es treulich in dein Protokoll.
> (V. 5914ff.)

Faust fordert Bewußtsein, es soll geschaut werden, was hier vorgeht. Faust will ein Doppeltes, er macht das ganze Taschenspielerstück von Mephisto mit und gleichzeitig schaut er. Er ist gespalten. Am Ende des Karnevals ordnet er alles durch die starke Kraft des Stabs und bringt alles wieder zur Ruhe. Am nächsten Morgen ist er der Herr der Lage beim Kaiser und wird angestellt als ein Erster Mann des Reiches. Da kann er sich entfalten und das Papiergeld gebrauchen.

Das erste, was sich der Kaiser wünscht, ist ein neues Schaustück. Das Flammengaukelspiel war wunderbar; er möchte mehr davon haben: Sensation über Sensation. Der Kaiser hat nichts von der ganzen Sache verstanden, von der Tiefe, von dem, was im Hintergrund, im Doppelboden durch das Ganze geschehen ist und eigentlich hätte durchschaut werden können. Er will nun Neues haben und denkt, Mephisto und Faust könnten alles. Sie sollen jetzt Helena und Paris, Gestalten von vor 3000 Jahren, wieder hervorzaubern, nur zu seinem Amüsement.

Faust sagt ja dazu – Warum? Nicht, um dem Kaiser das Amüsement zu verschaffen. Durch diesen äußeren Schein der Sensation für den Kaiser erscheint inhaltlich etwas, was eine viel tiefere Quelle hat, ja zum Urquell der Existenz Fausts gehört, die Suche nach dem wahren menschlichen Ursprung. Er hat das gesucht, sich gesehnt danach im «Studierzimmer». In der «Hexenküche» hat er das Bild von Helena geschaut. Die göttliche Wundergestalt des Menschen ist erschienen und er muß jetzt alles tun, um es zu finden. Dann kam die ganze Gretchentragödie mit diesem einen bestimmten Menschen. Aber er sucht weiter; er muß den tiefsten Grund des Menschen suchen und finden.

Warum erscheint das jetzt in dem Bild einer Frau? Hier liegt wieder etwas sehr Realistisches, Exaktes bei Goethe vor. Der Mensch ist weder Mann noch Frau, umfaßt beide. Jedesmal in einem Erdenleben, wenn eine ewige menschliche Individualität, die weder Frau noch Mann ist, eintritt in das Irdische, wird diese entweder in Richtung des Mannes oder in Richtung der Frau vereinseitigt. Die männliche Vereinseitigung tritt auf, wenn etwas sich zu tief in das Stoffliche hineinprägt und veräußerlicht, die weibliche, wenn etwas zu wenig in dieses Veräußerlichte hineinsteigt. Jedesmal, wenn ein Mensch sich dann auf der einen Seite befindet – auf der Seite der Frau oder auf der Seite des Mannes –, ist die Suche nach dem ganzen Menschen, nach dem Urquell da. Dieser kann dann besonders durch die Gegenseite erscheinen. Indem Faust als einseitiger Mann sucht, sucht er diesen Urquell so, daß das für ihn ergänzend erscheint in der schönsten Frauengestalt, Helena.

Aber das ist kein äußeres, suggestives Schauspiel nur, wie Mephisto das bewerkstelligen könnte und tatsächlich auch zu bewerkstelligen versucht, sondern es hat die andere, doppelte Seite. Jetzt kommt ein neuer, tieferer Erkenntnisschritt, den Faust durchzumachen versucht, nicht nur versucht, sondern unerbittlich erstrebt. Er hat alle die früheren Stufen durchgemacht, alle diee tiefen, schrecklichen Erfahrungen, auch das Doppelte im Mummenschanz, den er mitgemacht und gleichzeitig überschaut hat in dem großen Regenbogen-Erleben. Jetzt hat er das und weiß, wo er suchen muß, aber es fehlt ihm der Schlüssel.

Mephisto will ihn in der Szene der «Finsteren Galerie» zunächst nur ablenken. Er will ihm den Schlüssel nicht geben, denn das wäre für Mephisto sehr riskant und zwar nach beiden Seiten, wie es auch ausgehen mag. Faust könnte verschwinden und als Opfer der Mephisto-Tätigkeiten verlorengehen oder es könnte ganz schief gehen in der anderen Richtung, was ebenfalls ungünstig wäre für Mephisto. Faust muß diesen nächsten Schritt aber tun, weshalb ihm Mephisto den Schlüssel schlußendlich geben muß.

Hier sieht man eine Stufe in der tiefen Einsicht Goethes. In der alten Auffassung des Mittelalters wird Faust, der Falsches gemacht, Verbrechen begangen hat, vom Teufel in die Hölle geholt zur ewigen Verdammnis, Schluß! Bei Goethe ist es umgekehrt, bei ihm holt der Teufel Faust nicht, vielmehr wird Faust den Teufel holen. Der Mensch ist so stark in sich, der werdende Mensch umfaßt das Ganze aus den tiefsten Quellen, daß alles, was böse ist, nicht nur durchschaut, sondern langsam auch verwandelt werden kann. Das also bedeutet, daß Faust den Mephisto holt. In dieser Szene sieht man, wie das Holen beginnt. Die Kräfte des Mephisto, die scharfen, kritischen, intellektuellen Fähigkeiten, werden verdichtet zum Schlüssel, werden für etwas anderes benutzt. Wiederum sehen wir hier ein Geheimnis des menschlichen Denkens. Wenn dieses kritische scharfe Denken sich entfaltet, ist das erstens selbstverständlich eine Notwendigkeit in der Entwicklung des Menschen. Aber solange es nur nach Objekten, nach außen zielt, wirkt es kalt und auch zerstörend, schädlich, Distanz erzeugend. Wenn aber diese Kraft, die da ist, durch Verstärkung des Denkens tätig als Instrument für ein Höheres benutzt wird, wird sie zum Schlüssel und der Schlüssel wächst. Wenn der Mensch dessen bewußt ist, kann der Böse, der Widerstands-Gegner, das nicht wegziehen und verweigern, denn es ist durchschaut. Durch diesen Vorgang wird Mephisto ein wenig geholt, umgewandelt und der Schlüssel gelangt in die Hand von Faust. Er kann den Weg zu den Urquellen finden, aus denen Helena – in Wirklichkeit für ihn – hervorgeholt werden kann. Mephisto warnt ihn allerdings sehr und betont, wie schwierig dieser Weg ist. Mephistopheles:

> Ungern entdeck' ich höheres Geheimnis. (V. 6212)

Aber er muß.

> Göttinnen thronen hehr in Einsamkeit,
> Um sie kein Ort, noch weniger eine Zeit;
> Von ihnen sprechen ist Verlegenheit.
>
> (V. 6213 ff.)

Jenseits von Raum und Zeit soll sich Faust zu dem geistigschöpferischen, göttlichen Urgrund, zu den Mütterkräften des Schöpferischen bewegen.

> Die Mütter sind es! (V. 6216)

Faust wird ganz erschrocken bei diesem Wort, es wirkt überwältigend auf ihn:

> Mütter!

Und Mephistopheles fragt zurück:

Schaudert's dich?

Faust antwortet:

Die Mütter! Mütter! – 's klingt so wunderlich!

Da beginnt Mephisto etwas genauer auf diese schöpferischen
Mütterkräfte einzugehen, die er genau kennt:

> Das ist es auch. Göttinnen, ungekannt
> Euch Sterblichen, von uns nicht gern genannt.
> Nach ihrer Wohnung magst ins Tiefste schürfen;
> Du selbst bist schuld, da ihrer wir bedürfen.

Nun erst kann Faust nach dem Weg fragen:

Wohin der Weg (V. 6217–6222)

Es gibt einen Weg dorthin, aber dieser Weg ist nicht äußerlich.
Wenn man glaubt, das sei ein äußerlicher Weg, ist das mißverstanden. Mephisto sagt:

> Kein Weg! Ins Unbetretene,
> Nicht zu Betretende; ein Weg ans Unerbetene,
> Nicht zu Erbittende. Bist du bereit? –
> (V. 6223 ff.)

Was ist gemeint mit diesem Weg, der kein äußerer Weg ist?
Das Ich des Menschen hat zwei Seiten. Die eine Seite kehrt sich
zur Sinnenwelt und erlebt die ganze Welt in dem, was durch die
Sinnesorgane aufsteigt. Dieses erlebt das Ich als von außen aus
der Welt, aber auch von außen im eigenen Körper kommend.

Wenn ich bemerke, daß etwas hier in meinem Leib falsch ist, ist das im Verhältnis zum Ich natürlich von außen, auch wenn es drinnen im eigenen Körper ist; es ist veräußerlicht. Das ist die eine Seite dessen, daß die Mütter auf dem Weg nicht gefunden werden können. Das andere ist die innere Seite des Ich, wo das Geistige im Inneren des Ich erscheint. Weil das so ist, werden so oft geistige Erlebnisse mißverstanden. Wenn man sich durch das ganze Leben daran gewöhnt hat, daß alles, was wirklich ist, draußen ist, dann denkt man, wenn etwas im innersten Ich erscheint, daß es von derselben Art sei, wie das, was von außen kommt. Aber das ist es nicht, denn in diesem Geistigen, das im Innersten des Ich erscheint, ist eben nichts Veräußerlichtes, weder Raum noch Zeit. Es ist jenseits von Raum und Zeit. Deshalb muß Mephisto Faust nun den Weg zeigen, auch wenn er ihn selbst nicht betreten kann.

> Kein Weg! Ins Unbetretene,
> Nicht zu Betretende; ein Weg ans Unerbetene,
> Nicht zu Erbittende. Bist du bereit? –
> Nicht Schlösser sind, nicht Riegel wegzuschieben,
> Von Einsamkeiten wirst umhergetrieben.
> Hast du Begriff von Öd' und Einsamkeit?
> (V. 6222 ff.)

Warum Einsamkeit? Soll er jetzt nicht das Tiefste der Welt finden? Es ist einsam im Verhältnis zu allen vorausgegangenen Erlebnissen. Man ist solange nicht einsam, als einem etwas von außen entgegenkommt. Man trifft Freunde, man sieht Bäume, man ist nicht einsam. Hier verschwindet alles dieses, mit dem man nicht einsam ist.

> Hast du Begriff von Öd' und Einsamkeit? (V. 6227)

Faust antwortet:

Du spartest, dächt' ich, solche Sprüche!
(V. 6228)

Faust durchschaut das und will es nicht hören. Aber Mephisto geht weiter:

Und hättest du den Ozean durchschwommen,
Das Grenzenlose dort geschaut,
So sähst du dort doch Well' auf Welle kommen.
(V. 6239 ff.)

Wenn man im äußeren Ozean ist, dann sieht man Wellen. Hier sieht man überhaupt nichts. Aber Faust läßt sich nicht zurückhalten und sagt:

Nur immer zu! wir wollen es ergründen,
In deinem Nichts hoff' ich das All zu finden.
(V. 6255 f.)

In diesem, was von außen gesehen «Nichts» ist, da gerade wird Faust das All finden. Er kann hinabsteigen, Helena und Paris hervorholen. Was geschieht, ist aber ein Doppeltes. Es hat diese tiefe Schicht in sich und gleichzeitig hat es die andere, äußere Seite im Kaiserhof. Mit Hilfe der Taschenspielerkünste von Mephisto soll durch Faust hindurch eine Suggestion erreicht werden, so daß diese nicht so weit gekommenen Hofleute zum Amusement dasjenige schauen können, was Faust zutiefst betrifft. Es ist also ein Doppeltes: Einerseits ist es eine Fortsetzung des Karnevals in einem Suggestion-Schauspielstück und gleichzeitig ist es auf der anderen Seite diese tiefste, innerste Erkenntnistätigkeit. Ist Faust reif dafür?

Die Schwelle zur geistigen Welt Faust zwischen kaltem Intellekt und Leidenschaft

Kurz vor der Explosion, die sich ereignet, als Faust die aus dem-Reich der Mütter aufgestiegene Helena berührt, sagt er:

> Hier faß' ich Fuß! Hier sind es Wirklichkeiten,
> Von hier aus darf der Geist mit Geistern streiten,
> Das Doppelreich, das große, sich bereiten.
> (V. 6553 ff.)

Vom «Doppelreich» kann Faust sprechen, weil er zu derjenigen Reife gelangt ist, die es ihm ermöglicht, durch die Mittel des Mephistopheles – verwandelt durch den Schlüssel – in das Reich der Mütter vorzudringen. Von dort kommt er zurück in das ganze Reich des Kaiserhofes, in dem man offensichtlich nichts versteht von demjenigen, was im Hintergrund vorgeht, und in dem sich die gewöhnliche, bürgerliche Welt hauptsächlich mit Mann-Frau-, Frau-Mann Beziehungen entfaltet. Aus allen Aussagen am Hofe kommt das hervor. Sie verstehen nichts. In diese Situation kommt Faust aus dem innersten Reich der Mütter zurück. Hier zeigt sich das Doppelreich, von dem Faust spricht. Die Grenze, die Schwelle vom alltäglichen Bewußtsein des Gewöhnlich-Bürgerlichen zu diesem Reich der Mütter, sie ist entscheidend für diesen ganzen Vorgang, denn wenn diese Grenze nicht berücksichtigt wird, dann treten Verschiebungen ein. Etwas, was in das eine Reich gehört, verschiebt sich in das andere, oder umgekehrt. Und das ist gerade die Ursache der Explosion. Faust ist reif, in das Reich der Mütter zu dringen, er ist aber noch nicht reif, die Schwelle zu berücksichtigen. Deshalb vermischt sich etwas gerade an der Schwelle, als er aus diesem innersten, höchsten Reich zurückkommt, und die Katastrophe tritt ein.

Worum geht es bei dieser Schwelle? Vor der Schwelle, in dem Alltäglich-Bürgerlichen, basiert zunächst alles auf der physischen Sinneswahrnehmung. An den physischen Sinneswahrnehmungen bauen wir langsam unsere innere, seelische Sicherheit auf. Das persönliche Ich-Bewußtsein wird getragen von der Sicherheit der äußeren, physischen Gesetzmäßigkeiten. Das ist sehr leicht zu verstehen. Man kann sich nun das Umgekehrte denken, daß der Boden, Fußboden, Wände, alles, was wir berühren können, ein schwankendes Reich wäre, in dem alles selbständig in Gestaltung und Umgestaltung sich befinden würde. Wir würden verfließen, wir würden uns nicht zurechtfinden, wir würden zugrundegehen in diesem, aufgelöst werden, abhängig werden von diesem. Gerade die feste Gesetzmäßigkeit des Physischen bildet die Grundlage und die unbewußte Erziehung der Seelenkräfte, durch die wir uns im Inneren langsam festigen, stark werden können. Jedesmal, wo wir nach außen etwas Falsches tun, kommt ein Rückschlag. Wir lernen und langsam werden wir effektiver, sicherer und tüchtiger. Im Innern geschieht diese Erziehung am Physisch-Sinnlichen. Das ist vor dieser Schwelle. Jenseits der Schwelle gibt es keine solche von außen gegebene Sicherheit. Da ist weder Raum noch Zeit. Da ist Gestaltung, Umgestaltung, und noch viel tiefer sind da die schöpferischen Kräfte aus den Urquellen, woraus alles Sichtbare entstanden ist. Diese Welt der schöpferischen Kräfte, der Gestaltungskräfte, von Gestaltung und Umgestaltung, wo nichts Veräußerlichtes festliegt, kann gewöhnlich nur im tiefen Schlafbewußtsein in das Menschenleben hereinragen.

Faust ist aber fortgeschritten zu einer Stufe, auf der er auch im hellen Bewußtsein in dieses Reich dringen kann. Was ist die

Voraussetzung dafür. Das die innere Kraft des Bewußtseins nicht nur auf die Stütze von außen angewiesen ist. Sie hat sich nach und nach gesetzt, wurde zu einer stärkeren Kraft im Denken, so daß das innere Denken dieses Äußere verlassen und jetzt eine eigene Tätigkeit in dem Erkenntnisgebiet schöpferisch entfalten kann. Auf dieser Stufe ist man nicht mehr darauf angewiesen, sich abzustützen auf das Veräußerlichte. Faust ist deshalb beteiligt, zuhause, Geist unter Geistern in diesem Reich der Mütter. So weit ist er tatsächlich gekommen. Das war nicht so im ersten «Studierzimmer», wo er sich hinaufrankte und diese Welt berührte, aber zurückgeschleudert wurde. Nicht einmal einsteigen konnte er zunächst in dieses Gebiet. Dann verdichten sich diese Kräfte langsam in ihm und in «Wald und Höhle» ist Faust eine kurze Zeit in diesem Gebieet drinnen, bevor er durch die Mephisto-Kraft in sich selbst wieder herausgerissen wird. Es dauert nur eine kleine Weile – sozusagen eine ausgedehnte Meditation in «Wald und Höhle» –, bis er tatsächlich drinnen ist in diesem geistigen Atemzug, bis er drinnen ist in dem Geistigen der Natur und in dem Geistigen in sich selbst. Die Spaltung, die Kluft ist eine kurze Zeit überwunden – und sofort fällt er wieder heraus.

Die nächste, größere Stufe ereignet sich nach der Ariel-Erholung, wo er in einem noch ausgeweiteteren Sinne drinnen und draußen gleichzeitig leben kann, in der Landschaft der Farben der Seele und in der Landschaft der Farben im Sonnenlicht, im Wassersturz, drinnen und draußen gleichzeitig:

Am farbigen Abglanz haben wir das Leben.
(V. 4727)

Die Kluft ist überwunden, er kann drinnen in diesem tieferen Reich leben. Dann kommt die nächste Stufe, er kann ganz einsteigen in das Reich der Mütter und den Dreifuß herausholen.

Was ist dieser entscheidende Dreifuß, aus dem der Rauch quillt und vor dem er als Priester steht wie vor einem Altar. Es sind die drei Seelenkräfte, aber bewußt zusammengehalten durch eine höhere Kraft. Die drei Seelenkräfte Denken, Fühlen und Wollen sind auch im alltäglichen Bewußtsein zusammengehalten, aber von außen durch den physischen Körper, abgestützt durch die ganze Organisation. Wie schön das geordnet ist im Kopf, im Herzen, in den Gliedmaßen, das machen doch nicht wir. Das kommt von selbst. Es ist einigermaßen geordnet, bis man eventuell wahnsinnig wird. Im gewöhnlichen Leben ist das einigermaßen geordnet. Man ist abgestützt durch seinen physischen Organismus und das kleine Ich-Bewußtsein ist zunächst nur ein Schluß-Ergebnis. Man ist getragen von diesem Organismus und noch nicht zu der Stufe gekommen, auf der die drei Seelenkräfte aus der Tätigkeit des geistigen Ich zusammengehalten werden können ohne Stütze von außen. Das ist der Dreifuß, die höhere, geistige Kraft, die jetzt diese Seelenkräfte zusammenhalten kann. So weit ist Faust gekommen.

Die Schwelle in diesem Doppelreich muß in ihren Gesetzmäßigkeiten voll ernst und wahr genommen werden. Was sich gehört in dem Sinnenreich, muß nach seinen Gesetzmäßigkeiten vollzogen werden. Was sich vollzieht in dem rein geistigen Reich, muß nach dessen Gesetzmäßigkeiten durchgeführt werden. Für Faust wäre jetzt fällig, daß er die Grenze zwischen den beiden Reichen genau im Bewußtsein betätigen kann, so daß er einerseits weiß, wie er im Physisch-Sinnlichen sein und dieses als Ankerplatz benutzen kann und andererseits aufsteigen kann zu dem geistigen Gebiet, das voll entfaltend. Er müßte im Doppelreich so leben können, daß er, wenn er in das Physisch-Sinnliche zurückkommt, die gewöhnliche Gesetzmäßigkeit wieder voll berücksichtigen kann, wach, ordentlich, wahrheitsgemäß. Das schafft er nicht. Wo ist der entscheidende Punkt, wo er das nicht schafft?

Aus dem höheren, geistigen Reich werden jetzt tiefe, innere Imaginationen gestaltet, die in das Leben hereinzutönen beginnen. Aber das hat eine andere Seite. Durch Mephisto und den unsinnigen Astrologen kommt jetzt die ganze Welt der Suggestion dazu.

Im Kaiserhof, im gewöhnlich, alltäglich Bürgerlichen, wo die Menschen nicht den geringsten Zugang zu diesem höheren Reich haben, sollen diese Kräfte durch Suggestion, Hypnose, Massenhypnose für jenes Amüsement gebraucht werden, das Mephisto und der Astrologe zusammen entfalten. Faust wird mit hereingezogen. Warum? Weil er das in sich selbst noch nicht zureichend verarbeitet hat. In dem Augenblick, wo dieses tiefste Wesen tatsächlich von ihm gefunden wird und sich nähert, mischt sich das hinein in das gewöhnlich Bürgerliche. Er spricht zu Helena:

> Du bist's, der ich die Regung aller Kraft,
> Den Inbegriff der Leidenschaft,
> Dir Neigung, Lieb', Anbetung, Wahnsinn zolle.
> (V. 6498 ff.)

Das ist es. Es ist die Sexualität, die er nicht zureichend durchschaut und die er nicht zureichend kennt. Es wühlt heraus aus dem Untergrund. Dadurch geschieht jetzt der entscheidene Einschlag in dieser Situation, so daß er die Schwelle nicht klar bewußt erkennen kann und ein Nebelgebilde in seinem Bewußtsein entsteht. Er mischt das Höhere und das Untere, die beiden Reiche, die beide unentbehrlich, beide genauso wichtig sind. Er mischt sie unsachgemäß zusammen. Das Persönlich-Leidenschaftliche, das einen gewissen Platz hat im Alltäglich-Bürgerlichen, mischt er plötzlich hinein in dieses andere. Und das ist eine Katastophe, denn alles geht kreuz und quer. Er ist zerschmettert und liegt auf dem Bett, völlig handlungsgelähmt. Er liegt bewußtlos auf dem Bett, von Mephistopheles zu dem Ursprungspunkt des verstaubten Studierzimmers zurückgetragen, handlungsunfähig.

Gleichzeitig hat Wagner, sein Schüler, die naturwissenschaftliche Technologie weiter gesteigert. In einem angrenzenden Raum, im Labor, ist er auf dem Wege, die gegenwärtige Naturwissenschaft zu überflügeln. Heute ist die naturwissenschaftliche Technologie so weit gekommen, daß man Retortenbabys machen kann.

Wagner ist weiter, eine Kopflänge weiter als die moderne Naturwissenschaft. Er will den Menschen vollständig produzieren, ohne jede Beziehung zu Mann und Frau, denn die Retorten-Babys – das ist doch nur auf dem halben Weg – sind Pfuscherei. Im Hintergrund hat man Mann und Frau, dann eine Zwischenstufe in dem, was man heutzutage in der Retorte macht. Wagner ist aber radikal, er möchte die Entwicklung des Menschen ganz von Mann und Frau lösen und ihn nur durch die Kombination von Stoffen in der Glaskugel, in der Retorte erzeugen. Er ist weit fortgeschritten, weiter als die gegenwärtige Naturwissenschaft, aber er arbeitet gerade mit derselben Intention. Es gibt nur Stoff und Kraft, und das in den verschiedensten Kombinationen. Wenn man nur diese Komponenten genau kennt, kann man alles machen. So jedenfalls sieht es Wagner, wenn er mitten in der Laboratoriumsbeschäftigung sagt:

> Es leuchtet! seht! – Nun läßt sich wirklich hoffen,
> Daß, wenn wir aus viel hundert Stoffen
> Durch Mischung, denn auf Mischung kommt es an,
> den Menschenstoff gemächlich komponieren,
> In einen Kolben verlutieren
> Und ihn gehörig kohobieren,
> So ist das Werk im stillen abgetan.
>
> (V. 6848–6854)

Wagner befindet sich also ganz extrem auf der Seite der Entwicklung der naturwissenschaftlichen Technologie, selbst völlig fremd gegenüber dem Reich, aus dem Faust halb mißlungen zurückkehrt, dem Reich der Mütter. Das kennt er überhaupt nicht.

Die Schlußprodukte aus dem Reich der Mütter sind die Stoffe und Kräfte. Und Wagner kehrt nun sozusagen in seinen Gedanken, wie jeder Materialist, alles auf den Kopf und glaubt, daß nur Stoff und Kraft existieren und alles aus diesen beiden hervorkommt. Wenn man Stoffe und Kräfte nur zureichend kombiniert, ist alles da. Wenn ich einen Menschen auf der Straße träfe, dann wäre dieser Mensch nur eine Kombination von Atomen und vielen Protonen, Elementarteilchen etc., die da herumwirbeln. Die Wirklichkeit wäre also die Kombination aller dieser Stoffe. Das steckt drinnen in den Gedanken von Wagner. Wenn man von diesem Gesichtspunkt ausgeht, sieht man nicht, daß dieses Veräußerlichte gerade das Schlußergebnis ist der wirklichen, schöpferischen Kräfte. Wagner ist also ganz auf der Seite des kalten Intellektes. Nur Veräußerlichtes, Kaltes, Distanz ist vorhanden und tritt nun gerade in einer Situation auf, in der Faust aus dem Reich der Ursprungskräfte mißlungen zurückgekehrt ist und jetzt handlungsgelähmt im Bett liegt.

Zwischendurch stürmt Bakkalaureus herein. Wer ist der Bakkalaureus? Bakkalaureus war der erste Grad der früheren Universität, an der alle zunächst die Philosophische Fakultät durchnehmen mußten, bevor sie zu den höheren, fachgebundenen Fakultäten aufsteigen konnten. Damals mußte man das Bakkalaureat vor dem Magister erwerben. Bakkalaureus ist hier der Schüler, dieser naive, untertänige Mensch, der bereits im Studierzimmer von Mephisto belehrt worden ist. Inzwischen hat er sich weiterentwickelt und ist nicht mehr untertänig. Er hat sich entwickelt, ist stark, sogar überstark geworden und mit ungekürztem Selbstvertrauen ausgestattet. Er stürmt herein und begegnet wiederum Mephisto. Im Hintergrund befinden sich auf der einen Seite Faust, handlungsunfähig auf dem Bett, mit der ganzen geistigen Welt hinter sich, vorläufig aber ganz handlungsunfähig, gelähmt, und auf der anderen Seite Wagner, der kalte Intellekt, der den Menschen aus Stoffen erzeugen will. Da stürmt Bakkalaureus herein mit den Worten:

Anmaßlich find' ich, daß zur schlecht'sten Frist
Man etwas sein will, wo man nichts mehr ist.
(V. 6774f.)

Welche Zeit ist gemeint, in der man sich einbildet, etwas tun zu können, aber in der man nichts mehr ist. Das ist das dreißigste Lebensjahr. Die Jugend geht bis zum 30. Jahr, dann ist es aus. Nach dem 30. Jahr sollten eigentlich die Menschen am besten sterben, denn es ist nur Unsinn, was nach dem 30. Jahre kommt, weil es dann abwärts geht. John Steinbeck, der amerikanische Schriftsteller, hat das ebenfalls ausdrücklich gesagt, auch von sich selbst. Allerdings sprach er über zwei Jahren früher, bei ihm ist es schon Schluß bei 28 Jahren. Als er einmal gefragt wurde, wie er das menschliche Leben betrachte, antwortete er, daß alles, was nach dem 28. Lebensjahr geschehe, eine furchtbare Tragödie sei, denn bis zum 28. Jahr hin entfalte sich der Mensch in der größten Fülle, und alles, was nachher komme, sei nur eine schlechte Kopie seinerselbst. Deshalb sollten alle begabten Menschen, alle Menschen mit etwas Genialität am besten mit 28 Jahren sterben. Was dann komme, sei nur eine Tragödie.

Es ist also nicht nur Bakkalaureus, der die Überzeugung hat, daß das Leben nur bis zu dieser Stelle eigentlich sinnvoll ist. Diese Überzeugung war auch keine Erfindung Goethes, sie wurde am Ende des 18. Jahrhunderts im «Sturm und Drang» öfter ausgesprochen und taucht immer wieder auf. In der 68er Generation des 20. Jahrhunderts gab es eine feste Überzeugung, daß man kein Vertrauen zu Menschen haben solle, die älter als 30 Jahre sind. Senile Menschen, die herunterfallen, sind nichts. Dann beginnt Bakkalaureus zu untersuchen, was das Eigentliche ist, auf das es ankommt:

> Des Menschen Leben lebt im Blut, und wo
> Bewegt das Blut sich wie im Jüngling so?
> Das ist lebendig Blut in frischer Kraft,
> Das neues Leben sich aus Leben schafft.
> Da regt sich alles, da wird was getan...
>
> Gewiß! das Alter ist ein kaltes Fieber...

Hat einer dreißig Jahr vorüber,
So ist er schon so gut wie tot.
Am besten wär's, euch zeitig totzuschlagen?
(V. 6776–6789)

Mephisto:

Der Teufel hat hier weiter nichts zu sagen.

Bakkalaureus:

Wenn ich nicht bin, so darf kein Teufel sein.

Mephisto:

Der Teufel stellt dir nächstens doch ein Bein.

Dann entfaltet Bakkalaureus seine ganze Kraft:

Dies ist der Jugend edelster Beruf!
Die Welt, sie war nicht, eh' ich sie erschuf;
Die Sonne führt' ich aus dem Meer herauf;
Mit mir begann der Mond des Wechsels Lauf;
Da schmückte sich der Tag auf meinen Wegen,
Die Erde grünte, blühte mir entgegen.
Auf meinen Wink, in jener ersten Nacht,
Entfaltete sich aller Sterne Pracht.
Wer, außer mir, entband euch aller Schranken
Philisterhaft einklemmender Gedanken?
Ich aber, frei, wie mir's im Geiste spricht,
Verfolge froh mein innerliches Licht,
Und wandle rasch, im eigensten Entzücken,
Das Helle vor mir, Finsternis im Rücken.
(V. 6790–6806)

Was hat Goethe damit gemeint? Er hat hier neben Wagner mit dem kalten Intellekt den entgegengesetzten Pol auf die Spitze getrieben und den Blutmenschen deutlich dargestellt, der eine solche Willensüberzeugung in seinem Ich hat, daß er das mit der ganzen Welt identifiziert. «Die Welt ist nichts ohne mich». Er hat nicht ganz unrecht; es ist nur ein wenig übersteigert. Wenn man hier von dem geistigen Ich und nicht von dem persönlichen Ich ausgeht, von dem tiefsten, übersinnlichen Ich, dann entspricht das der Philosophie von J. G. Fichte. In bezug auf die ganze Welt gilt bei ihm: Das Ich setzt sich selbst. Das ist doch die Philosophie von Fichte. Und: Das Ich setzt das Nicht-Ich. Alles ist konzentriert in dem innersten, geistigen Ich. Das ist natürlich – Fichte war nicht so dumm wie Bakkalaureus – frei, tief gedacht in seiner Philosophie und meint eben nicht dieses Blutmäßige, denn dieses Blutmäßige ist bei Fichte auch Nicht-Ich. J. G. Fichte meint das geistige Ich, die Ur-Grundkraft der ganzen Welt.

Wenn man sich nun die Fichte-Schüler vorstellt, wie sie um ihn herum sitzen und seine Worte hören, ungefähr genau in der Zeit, als Goethe diese Szene geschrieben hat, hören Sie, etwas aufgebauscht, Ich, Ich, Nicht-Ich... nicht wahr? Und dann beginnen sie, über die Fichtesche Philosophie zu sprechen, ohne eine Spur davon verstanden zu haben, weil sie sich in diesem nur selbst entfalten. Goethe beobachtet sie und läßt Bakkalaureus aus nächster Erfahrung – es ist keine konstruierte Person – als Urphänomen einer besonderen menschlichen Tendenz auf die Bühne treten, die sich deutlich in der unmittelbaren Goethe-Gegenwart zeigt. Aber nicht nur in seiner Gegenwart. Das taucht immer wieder auf. Genauso wie das Eiskalte – Wagner, die intellektuelle Richtung – taucht das andere auf, ja sie steigern sich gegenseitig. Wenn das eine zu sehen ist, dann kommt ein Gegenschlag und das andere wird um so mehr betont, wenn das sehr betont wird und sehr chaotisch sich benimmt, bis zu Krawallen, dann kommt der Gegenschlag mit der ganz eiskalten Computerwissenschaft, in der nichts von Blut drinnen ist. Das ist eine Polarität, die sich steigert. Gleichzeitig haben wir hier auch die Möglichkeit, einen Beitrag zur Beleuchtung einer Seite des Rätsels des Bösen zu finden. Beide Kräfte sind unentbehrlich, gehören zur ganzen Welt, zum Menschen. Wenn etwas sich übersteigert, sich aus dem Zusammenhang losreißt, den Zusamenhang verliert und herausgerückt wird, so wird es ein wenig «ver-rückt». Das Verrückte ist zunächst da. Wenn das Kranke zu agieren beginnt, wird es böse, denn es richtet sich dann gegen den ganzen Zusammenhang und hat zerstörerische Wirkung.

Die Kräfte, die da drinnen sind, sind nicht an sich böse. Sie gehören zum Ganzen, sind unentbehrlich. Und das gilt eigentlich für sämtliche Kräfte in der ganzen Welt. Es ist Unsinn, bestimmte Kräfte zu sehen oder wahrzunehmen und zu sagen, diese seien böse. Der Begriff des Bösen bekommt nur einen Sinn, wenn man den Begriff in Relation setzt zu dem ganzen Zusammenhang des Vorganges, des Prozesses. Man muß fragen, wie es in dem Ganzen drinnen steht. Diese Verrückung, Verschiebung kann in den verschiedensten Arten auftreten. Sie kann in der Art vorhanden sein, daß etwas einfach übersteigert, etwas zu viel wird, oder es kann am falschen Platz sein. Da, wo es hingehört, kann es noch so sehr gesteigert werden, es wird um so besser; wenn es jetzt aber auf einen falschen Platz gerät, treten durch diese Verrückung die zerstörerischen Wirkungen auf. Es kann auch sein, daß etwas in bezug auf die Zeit verrückt wird. Das ist eine weit ausgedehnte Erfahrung, wenn man nur das Leben etwas genauer betrachtet.

Wie benehmen sich Kinder, die kleinen Kinder oder die etwas größeren Kinder, wenn sie 8, 9, 10, 11, 12 Jahre alt sind? Wenn man genau sieht, wie ein Zehnjähriger sich benimmt, und denkt, daß man das behalten will und sich der 35jährige genauso benimmt, dann ist er herausgefallen aus dem Zusammenhang, entweder etwas krank, hilfsbedürftig, ein heilpädagogischer Fall oder ein Sozialfall, ein Verbrecher. Wenn z. B. ein Bube mit 10 Jahren rücksichtslos das eine oder das andere machen kann, so spielt es keine große Rolle, es wird geordnet. Wenn er 35 Jahre alt ist und dasselbe tut mit den Kräften des 35jährigen, endet er wahrscheinlich im Gefängnis, falls er von der Polizei ergriffen wird. Es handelt sich also um eine Zeitverschiebung von Kräften, die an sich nicht böse sind. Man muß nur finden, wo diese Kräfte am Platz sind, wo sie hingehören. Sie gehören in einen Zusammenhang und wenn dieser Zusammenhang nicht vorhanden ist, dann sieht man Verrückungen in der Zeit, vom einen zum anderen Gebiet oder in bezug auf die Stärke. Etwas kann in einer bestimmten Stärke passend sein, dann wird es stärker und stärker, gelangt über eine Grenze, und schlägt zurück. Es gibt viele Gesetzmäßigkeiten auf diesem Gebiet, besonders einen Grundzug dieser Gesetzmäßigkeiten, daß dort, wo etwas nach einer Seite hin ausschlägt, sehr oft ein Gegenschlag in das Umgekehrte erfolgt.

Was ist zu erwarten bei diesem Bakkalaureus, wenn er nicht mit 30 Jahren totgeschlagen wird oder stirbt, wenn er tatsächlich ein alter Mensch wird. Wenn nichts geschieht, wird er besonders sklerotisiert bürgerlich werden, weil das zurückschlägt in die andere Polarität. Wenn man nur das Blut auslebt, ohne diese Kraft innerlich zu verwandeln, geht die Zeit einfach weiter und es kommt zum Ende. Bakkalaureus wird später ein seniler, bürgerlicher Greis werden. Das zeigt sich sehr häufig, wenn man die Biographien junger Leute, die dann nach und nach älter werden und die die revolutionäre Flamme der großen Ideale, Krawalle und so weiter in sich tragen, untersucht. Dann, 20 Jahre später, werden sie bürgerlich, steif, Versicherungsgesellschaft.

Goethe hat in diesem Anfang des 2. Aktes ein großes realistisches Bild direkt aus dem Leben gemalt, aber so ausgesucht, daß die entsprechenden Kräfte deutlich in Erscheinung treten: der kalte Intellekt, der Blutsmensch und der stürmende Faust, der geistig Suchende, der handlungsgelähmt auf dem Bett liegt. Wenn wir die drei, also Wagner, Bakkalaureus und Faust, zusammenfassen, haben wir ein Bild des Gegenwartsmenschen als Ausgangslage, bei der man beginnen kann. Jeder Mensch trägt etwas von allen diesen dreien in sich, hat eine tiefste Beziehung zu der geistigen Welt, zu den Urquellen, aus denen wir kommen, aber sehr oft so, daß man nur auf dem Bett liegt und nichts damit machen kann. Die Beziehung ist da. Man hat dann eine andere Provinz in sich, wo man nur kalt, intellektualistisch, kritisch ist. Weiter hat man eine Provinz in sich aus Leidenschaft, Blut. Diese verschiedenen Provinzen sind voneinander getrennt, gespalten. Was hier beschrieben wird, ist ein Bild der Tendenz, der Neigung des modernen Menschen. Wir sehen, da Goethe das nicht schildert, um die Vergangenheit zu malen, auch wenn er Vergangenheitsbilder heraufnimmt, zur ganzen Illustration gebraucht. Es sind Kräfte, die nicht nur heute aktuell sind, sondern aktueller und aktueller werden, jedes Jahr.

Die große Reise durch die «Klassische Walpurgisnacht», die Reise der Genesung, der Heilung, man könnte auch sagen des Entstehens, des Werdens des Menschen, folgt dann diesem Geschehen. Das alles muß aber erst zusammengefügt werden, damit der Mensch aus dem Innersten entstehen kann, alle diese Kräfte so berücksichtigend, bewältigend, weiterentwickelnd, befruchtend, daß man sie wirklich in sich trägt. Es geht also nicht darum, etwas auszuschalten, z.B. den Blutsmenschen, das wäre schlecht. Es geht nicht. Auf der einen Seite ist das völlig unrealistisch, es ist unmöglich, auf der anderen Seite ist es mißverstanden. Der Mensch trägt alle diese Kräfte in sich und so geht es nun um die Frage, wie das jetzt weiterentwickelt werden kann. Dazu muß man zu den Urquellen gehen, aus denen alles entstanden ist, so daß man selbstbewußt den inneren Kern der Willensintention in dem, was sich da entfaltet, selbst betätigen kann. Um diesen Weg geht es jetzt.

Sogar Homunkulus, der in der Glaskugel aufsteigt, ist unentbehrlich auf diesem Weg. Das gehört auch dazu. Homunkulus ist etwas, in dem viele Schichten zusammenkommen. Eine Schicht ist, daß jetzt ein Mensch aus der geistigen Welt entsteht, der aber noch nicht ordentlich geboren, nicht ordentlich inkarniert ist. In einer Glaskugel kann man die Welt nicht ordentlich berühren, nicht ordentlich sich auseinandersetzen mit der Welt. Würde man das tun, dann würde die Glaskugel gesprengt werden, es wäre mißlungen, eine Katastrophe. Homunkulus ist innerhalb einer Glaskugel eingeschlossen und weil er noch nicht wirklich in die Welt eingestiegen ist, hat er eine entsprechende geistige Fähigkeit. Goethe läßt diesen Homunkulus gewissermaßen alles durchschauen. Er ist sogar telepathisch hellsichtig, kann schauen, was Faust träumt. Er schaut alles, kann aber nichts machen. Er ist noch nicht ordentlich geboren, noch nicht eingestiegen in Fleisch und Blut. Die Inkarnation soll nun nicht so vor sich gehen, daß er nur einsteigt und dieses Geistige verschwindet, vielmehr soll Homunkulus zu den Urkräften gelangen, so daß er von der inneren, geistigen Seite aus sich ganz mit dem Irdischen verbinden und wirklich ein Mensch werden kann. Dann wird der Blutsmensch auf der anderen Seite genauso Mensch werden können, wenn die Blutskräfte ebenfalls in diesen Zusammenhang hineingestellt und nicht in ungehöriger Weise besonders an dieser Berührungsstelle mit der geistigen Welt vermischt werden.

Faust wird aus seiner gelähmten Untätigkeit erwachen. Er muß noch einmal zu den Müttern hinabsteigen, aber diesmal so, daß er, wenn er zurückkehrt, nicht in diese Vermischung mit den Leidenschaftskräften von unten gerät, wo nur Nebel entsteht in dem Ganzen, sondern so, daß er das Doppelreich bewältigen kann und dadurch beide anders werden.

Wie werden beide anders? In jedem Menschen in unserer heutigen Gegenwartslage ist zunächst alles, was vorgeht im Erkennen, sehr dünn. Man ist geneigt – und oftmals hört man das auch – zu sagen, etwas sei «nur» Gedanke, oder man hört, wenn jemand etwas darstellt von einer Sache, das Wort: «Das ist Theorie» – mit Recht, weil es dann nur Theorie ist für den, der es sagt. Das Erkennen ist heute etwas Dünnes, Gespenstisches im Kopf, noch nicht volle Wirklichkeit. Auf der anderen Seite spricht man von Lebenspraxis, wenn man etwas «tut». Damit haben wir wieder deutlich die Blutseite, Bakkalaureus, und dann die eiskalte Seite im Denken, wenn man sagt: «nur Theorie». Nun verwandeln sich beide Seiten nach und nach, indem das Aufsteigen zur Erkenntnistätigkeit beginnt, wo das Erkennen nicht mehr Theorie ist, weil es jedesmal, wenn etwas erkannt wird, eine Tat ist. Es ist ein inneres Geschehen. Man kann in sich selbst prüfen und beobachten, wie diese Wende im Leben kommt. Vor dieser Wende denkt man logisch, klug oder unklug, irrtumsvoll oder schön, aufhellend, aber es sind nur Gedanken, und man ist geneigt zu sagen, «nur Theorie». Dann kommt eine Wende, und sie kann sich plötzlich in einem Augenblick, an einem Tag einstellen. Bei anderen Menschen kommt es so ein bißchen nach und nach, man versteht es nicht ganz und erst nach vielen Jahren begreift man es. Das hängt ab von den verschiedenen Temperaments- und Konstitutionseigenschaften. Es gibt Menschen, bei denen sozusagen langsam, langsam, ein bißchen etwas auftaucht, dann gibt es andere, etwas mehr dramatisch, cholerisch, wo es sich staut, dann kommt eine Helle und etwas leuchtet auf. Es ist eben verschieden bei verschiedenen Menschen.

Wenn wir jetzt diese Situation, in der solch eine Wende eintritt, betrachten, dann bemerken wir diese, wenn etwas so vorgeht im Erkennen, daß der Betreffende wahrheitsgemäß sagen kann: Jetzt ist mein Leben anders! Nachdem ich das gesehen habe, ist alles anders in meinem Leben! Es ist also eine Tat, wenn das der Fall ist, ein Geschehen im Erkennen, bei dem die Erkenntnisfrage gleichzeitig Existenzfrage ist. Und das ist das Entscheidende. Solange ich denke: aber das ist nicht meine Existenz, es ist nur so interessant für Gedanken, ist es nur Theorie. In dem Augenblick, wo die Bewegung in dem, was im Erkennen geschieht, ein Vorgang ist, mit dem ich mich in meiner ganzen Existenz verbinde, ist das eine Existenztat und das Leben ist danach anders als vorher. Wenn das geschieht, dann beginnt das Erkennen, sich zu verdichten. Es wird Leben. Das Erkennen wird Leben, ohne die Klarheit des Erkennens zu verlieren. Und wenn das passiert, muß etwas anderes folgen, «muß», denn wenn das nicht geschieht, kommt ein Rückfall und das Erkennen wird nur wieder Theorie. Das gewöhnliche Leben muß sich verändern. Es kann nicht nur das Erkennen verändert werden.

Wenn das Leben zunächst so ist wie bei Bakkalaureus: Blut, Jugend, schön, stark, tumultuarisch, leidenschaftlich, zerstörerisch, oder – je nach Konstitution – liebenswürdig, klein, aber in allen Fällen naiv, d. h. nur aus den Instinkten lebend, so daß etwas sich von selbst entfaltet aus dem Körperlichen, ohne daß das Ich etwas damit gemacht hat, wenn das Leben so ist, dann ist es körperlich betont im Seelischen, in den verschiedensten Schichten. So ist das Leben zunächst, und solange das Leben so bleibt, bleibt das Denken nur Theorie. In dem Augenblick, bei der Lebenswende, wo das Denken sich verdichtet, das Erkennen Tat wird, Existenzfrage, hellt sich das Leben auf, wird transparent, so daß alles, was geschieht vom Morgen bis zum Abend, volle Wesenspraxis ist und gleichzeitig Erkenntnisbild in dem, worinnen man steht. Es hellt sich auf, wird durchsichtig. Es sind nicht mehr fremde Kräfte, die nur losbrechen.

Da sind viele Stufen im Seelenleben. Einige, bei denen es nicht sehr schwierig ist, diese zu durchdringen, dann tiefere, wo es viel schwieriger ist, noch tiefere, wo es noch viel schwieriger ist. Die Sexualkräfte sind die schwierigsten gerade auf diesem Gebiet. Sie bleiben am längsten undurchsichtig in diesem Prozeß. Und deshalb geschieht es sehr oft, nach dieser Lebenswende, wenn diese Verdichtung im Erkennen kommt, daß dann das Leben tatsächlich beginnt, sich aufzuhellen. Es bleibt aber eine undurchsichtige Triebschicht, die nur körperlich-instinktiv sich entfaltet und noch nicht Ich-durchdrungen, von innen ergriffen ist. Diese Kräfte, die da walten, werden erlöst, wenn das Erkennen Tat wird, schöpferische Kraft im Erkennen. Und diese wirken dann so, daß das andere aufgehellt wird, langsam, sehr langsam. Sehr oft kann man aber wahrnehmen, daß da Provinzen bleiben, liegenbleiben. Vieles im Seelenleben ist durchleuchtet worden und plötzlich bricht wie aus einem Vulkan etwas aus dem Untergrund heraus und rüttelt das ganze Leben des betreffenden Menschen auf, so daß ein sonst sehr vernünftiger, sehr durchgebildeter, geistig gebildeter Mensch plötzlich völlig sinnlose Sachen tun kann, über die alle in der Umgebung nur staunen. Das ist dieses Vulkanische, was da ausbricht aus dem Untergrund.

Jetzt steigen diese Menschen oder dieser Mensch hinein in den ganzen Vorgang der «Klassischen Walpurgisnacht». Faust ist manchmal unsichtbar, nur manchmal scheint Mephisto die Hauptperson zu sein, Homunkulus erscheint schwebend in der Glaskugel, so wie alle diese gewaltigen Kräfte. Diesen ganzen Vorgang müssen wir so auffassen, daß Faust mit seinem Ich das Ganze umfaßt. Er ist überall anwesend, in jedem Satz, der gesprochen wird, unabhängig davon, ob er von den Greifen, den Sirenen oder von den Ameisen, den Daktylen oder von Mephisto kommt. Faust ist ganz drinnen in dem Suchen nach dem Urquell und danach, wie der wahre Mensch, Helena, entstehen soll. Manchmal sagt er sehr wenig, plötzlich taucht er auf und sagt höchstens: Wo ist sie? Er sucht Helena drinnen in dem Ganzen. Wir müssen Faust in dem Ganzen wahrnehmen, wie er langsam aufsteigt in diesem inneren-äußeren Bild, denn aus dem Innersten werden alle Kräfte der Schöpfung in der Natur hereingenommen, miteinbezogen; und dann kommt an einer entscheidende Stelle dieser neue Gang Fausts zu den Müttern. Dies beginnt, als er auf dem Kentauren Chiron reitet, von dem er zugleich geführt wird.

Wer ist der Kentaur? Der Tier-Mensch, Pferde-Mensch. Man denke sich ein Pferd und nun denke man sich den Kopf weg und an diese Stelle des Pferdekopfes setze man einen Menschenkopf, so daß die ganze Fülle von dem, was in einem schönen Pferd lebt, bleibt. Das hat unsichtbar jeder Mensch in sich, hier unten in der Brustregion und in dem, was von den Gliedmaßen bis in die Brustregion aufsteigt. Jeder Mensch hat ein solches Pferd unsichtbar in sich, allerdings zurückgestaut, so daß dann ein ordentlicher Mensch daraus geworden ist; aber unsichtbar ist das im Untergrund. In Chiron, der jetzt erscheint, tauchen diese Kräfte auf. Er trägt deshalb auf der einen Seite zum Kopf hin die ganze Weisheit in sich, aus der der Mensch geschaffen ist, auf der anderen Seite hat er die innige Beziehung zu den schöpferischen Kräften, aus denen der Mensch kommt, behalten. Auf dem Rücken dieses weisen Chiron, der sich opfern muß, wenn der Mensch in die geistige Welt einsteigen will, d.h. ganz Mensch werden soll, auf ihm wird Faust zu dem Ort getragen, wo einst Prometheus befreit wurde und Herakles zur Unterwelt hinabsteigen sollte, so wie Faust jetzt. Dort muß sich Chiron opfern; der Tier-Mensch wird geopfert.

Zunächst führt Chiron Faust zu dem Ort, an dem Manto zu finden ist, die Hüterin des Eingangs zur Unterwelt. Faust macht er auf diesen Ort aufmerksam mit den Worten:

> Blick auf, hier steht, bedeutend nah,
> Im Mondenschein der ewige Tempel da.
> (V. 7469f.)

Was ist dieser ewige Tempel, von dem Chiron spricht? Es ist der menschliche Leib. Manto, diese in der Ewigkeit ruhende Hüterin ist auch dessen Hüterin. Sie läßt Faust ein in die Unterwelt, weist ihm den Weg zur Persephone, wohin er vordringen muß, um Helena zu finden. Ganz anders als Manto, die in der Ewigkeit Ruhende, ist Chiron die in Raum und Zeit kreisende Gestalt. Manto spricht:

> Ich harre, mich umkreist die Zeit.
> (V. 7481)

Durch diese Chiron-Kräfte muß Faust erst hindurch, bevor er zur Tochter des Asklepios, zu Manto vordringen kann, die ihm den Weg zu einem großen Genesungs- und Erkenntnisvorgang öffnen wird. Es ist eine Prüfung. Zu ihr gehört, daß derjenige, der diesen Schwellengang unternehmen will, zugleich über sich selbst hinausschreiten muß. Nur der hat Zugang zum Tempel, der in sich die Möglichkeit entdeckt hat, sich zu entwickeln, etwas in sich zu verwandeln. Wer nur in den Instinkten verharren will, der kann diesen Weg nicht gehen. Manto hat schon vielen den Weg gewiesen. Faust, der nun den dritten Versuch unternehmen will, die Schwelle zu überschreiten, wird von ihr ermahnt, den Gang zu Persephone besser zu nutzen als seine Vorgänger:

Benutz' es besser! frisch! beherzt!

(V. 7494)

Er wird den Weg nur finden, wenn er die Verwandlungskraft, den werdenden Menschen, entdeckt und betätigt, wenn er mit mehr Bewußtsein diesen Schritt unternimmt, als er es bei den beiden vorausgegangenen Versuchen getan hat.

Die samothrakischen Kabiren
und die Verwandlungskraft im Menschen

Aus dem ganzen Vorgang der «Klassischen Walpurgisnacht» steigt Helena hervor, so ist es direkt von Goethe gestaltet. Wir müssen den ganzen 2. Akt als einen geistigen Geburtsvorgang betrachten, in dem in einem großen Bogen alle diese schöpferischen Kräfte der Entstehung in Bildern in Erscheinung treten. Dieses Geschehen kulminiert im «Ägäischen Meer», in dieser wogenden Fülle der werdenden Kräfte; aus ihnen steigt Helena empor. Unmittelbar, nachdem das «Ägäische Meer» ausgeklungen ist und der 3. Akt beginnt, spricht Helena:

> Bewundert viel und viel gescholten, Helena,
> Vom Strande komm' ich, wo wir erst gelandet sind.
> (V. 8488f.)

Diese Worte haben eine doppelte Bedeutung. Helena und ihre Gefährtinnen kommen erst von Troja, also vom Meer, vom Ägäischen Meer, und ziehen dann herauf nach Sparta. Direkt äußerlich, physisch, naturalistisch stimmt das also, sie kamen vom Meer herauf zum Palast in Sparta, es ist allerdings geographisch nicht sehr genau. Wenn man da gewesen ist, dann paßt es nicht ganz. Aber so, bühnenmäßig, kann man sich das in dieser Art vorstellen.

Nun zur tieferen, doppelten Bedeutung. Aus dem geistigen, schöpferischen Geburtsmeer taucht Helena auf. Wir müssen also den ganzen Vorgang des 2. Aktes so denken, daß Helena in diesem Ganzen drinnen ist und langsam durch diesen Embryonalvorgang hervorkommt, geistig gesehen. Helena kommt hervor, die menschliche Urbildgestalt in ihrer ganzen Fülle. Das ist ein Zug in diesem Zusammenhang. An einer entscheidenen Stelle in diesem schöpferischen Geschehen im 2. Akt werden die Kabiren gebracht. Im «Ägäischen Meer» kommen sie von Nereiden auf einer Schale getragen und sie kommen, sich auf den Wellen bewegend. Die Nereiden haben die Götter auf Samothrake geholt. Es sind geheimnisolle Götter, die archäologisch, philologisch, geistes-geschichtlich sehr schwierig zu fassen sind. Die Spuren sind sehr spärlich. Es sind Krüge, heißt es, Krüge, aber es sind lebendige, große Götter der Geburt. In dem kultischen Vorgang erscheinen sie auf dem Altar als drei Krüge und diese Krüge werden nun von den Nereiden gebracht. Durch diese hindurch müssen diese drei Kabiren gespürt werden, wenn die Nereiden die folgenden Worte sprechen:

> Wir bringen die Kabiren,
> Ein friedlich Fest zu führen;
> denn wo sie heilig walten,
> Neptun wird freundlich schalten.

(V. 8178 ff.)

Und etwas später:

> Drei haben wir mitgenommen,
> Der vierte wollte nicht kommen.

(V. 8186 f.)

Zunächst wenden wir uns den drei Kabiren zu, bleiben bei den drei, die in Erscheinung treten. «Der Vierte wollte nicht kommen»; es ist also noch etwas im Hintergrund. Wer sind diese drei? Die drei Kabiren sind Axieros, Axiokersos und Axiokersa.

Hier in der Faustaufführung am Goetheanum erscheinen die drei Kabiren so, wie sie von Rudolf Steiner gestaltet worden sind. Rudolf Steiner hat diese Kabiren in plastischer Form ausgestaltet, er hat sie auch gezeichnet (siehe die Abbildung der Kabirenplastiken Rudolf Steiners auf S. 126). Zunächst sollen diese plastischen Formen etwas genauer angeschaut werden, die Rudolf Steiner gestaltet und für die er natürlich keinen Versuch gemacht hat, hier irgendeinen archäologischen Fund nachzumachen, den es im übrigen auch nicht gibt, wofür es keine Unterlagen gibt. Axiokersos, denkend, finden wir auf der Abbildung links, Axieros in der Mitte, Axiokersa rechts. Für die Gestaltung, die Rudolf Steiner den Kabiren gegeben hat, war er hineingestiegen in die Kräfte, die hier in Frage kommen. Diese Kräfte sind dieselben, die auch in den drei Farben Blau, Gelb und Rot (v.l.n.r.) zum Ausdruck kommen. Diese Kräfte wirken in dem großen Geburtsvorgang, in dem sich das ganze Geschehen der «Klassischen Walpurgisnacht» befindet. Die linke Gestalt Axiokersos, finden wir etwas gedrückt, etwas bedrängt, so wie man ist, wenn man etwas zusammengedrängt und ein bisschen niedergedrückt ist. Hier staut sich etwas. Wenn sich das mehr und mehr staut, dann erscheint das ganze Skelett, das Festeste, das Sklerotischste im Menschen. Die Neigung in diese Richtung kann stärker und stärker werden.

Auf der anderen Seite (rechts) ist eine Gestaltung, wo der Kopf auf das Ganze herunterschaut, nicht im geringsten bedrückt. Es hebt sich dort etwas. Das Ganze ist umschlungen von einer Schlange. Wir alle kennen solche Situationen im eigenen Seelenleben, wenn wir zwischen diesen beiden Kräften kämpfen. Zunächst sind wir vielleicht ein wenig betrübt, dann kommt ein Umschwung und wir verlegen uns auf das Ganze. Man kann hinunterschauen auf alles und leicht kommt es, daß man sich überlegen fühlt über das Ganze. Es strotzt. Wenn das gesteigert wird, tritt alles das auf, was in die Richtung des Blutes führt. Da ist dann keine Bedrückung mehr wie auf der anderen Seite, wo sich etwas verhärtet. Zwischen diesen beiden Richtungen lebt der Mensch. Auf der einen Seite fühlt er sich in die Richtung der Sklerose, der Verfestigung heruntergedrückt, auf der anderen Seite fühlt er sich aufgelockert, überlegen bis zum Größenwahn. In der Mitte zwischen diesen beiden Richtungen entsteht die stille, ruhige Aufrichtekraft der Tragefähigkeit in der Kraftlinie der mittleren Gestalt, ohne daß ein Bedrückungsgefühl auftritt. In der künstlerischen Gestaltung der drei Kabiren hat Rudolf Steiner die ganze Sache von innen ergriffen. Man kann in diesen plastischen Formen einfach ruhen und es erscheinen diese Kräfte in ihnen.

In diesen Göttern, die so dargestellt werden, daß sie selbst nicht wissen, was sie sind – bei Goethe, auch im Altgriechischen –, haben wir gerade einen Hinweis auf die mächtigen Kräfte, die im Unterbewußten des Menschen wirken, in der ganzen Gestaltung der großen Natur, im menschlichen Körper und auch in der menschlichen Seele. Sie wirken in allem, solange es noch nicht bewußt ist. Was geschieht in dem Augenblick, wo das Bewußtsein auftritt? Dann kommt der vierte! Die drei wirken im Untergrund, und dann heißt es:

> Drei haben wir mitgenommen,
> Der vierte wollte nicht kommen;
> Er sagte, er sei der Rechte,
> Der für sie alle dächte.
>
> (V. 8186 ff.)

Das bewußte Ich bleibt noch etwas im Hintergrund, heißt Kadmilos im Altgriechischen. Kadmilos, der vierte der Kabiren, könnte nun hervorsteigen, aber er ist noch nicht da. Auf das, was in den samothrakischen Mysterien wirkt, ist alle Aufmerksamkeit gerichtet. Woher kommt der Mensch, woher sind wir geboren. Es sind die schöpferischen Kräfte, von denen man auch sagen könnte, daß sie ganz verwandt sind mit den drei Müttern, aus deren Bereich Faust Helena hervorholt. Sie sind auch hier in Samothrake wirksam, in den Samothrake-Mysterien im nördlichen Ägäischen Meer. Aus diesem großen göttlichen Schaffenden läßt Goethe nun Helena hervorsteigen. Diese schöpferischen Kräfte sind aber nicht nur vier. Die Nereiden und Tritonen fahren fort, indem sie nun plötzlich offenbaren:

> Sind eigentlich ihrer sieben. (V. 8194)

Drei kommen sichtbar daher, in den plastischen Formen. Dann aber heißt es: «Der vierte wollte nicht kommen», «der für sie alle dächte». Das bewußte Ich ist noch nicht erschienen. Es ist auf dem Wege. Aber eigentlich sind es sieben. «Wo sind die drei geblieben?», die drei übrigen, fünfter, sechster und siebenter? Das fragen die Sirenen:

> Wo sind die drei geblieben?

Die Nereiden und Tritonen antworten:

> Wir wüßten's nicht zu sagen.

Geheimnisvoll, zugedeckt,

> Sind im Olymp zu erfragen;
> (V. 8195 ff.)

Sie sind also in der geistigen Welt nur keimhaft vorhanden. Was ist das. Wenn das Ich nach vorne tritt, Kadmilos, und jetzt mit diesem ganzen Geschenk der göttlichen Mächte, der Geburtsvorgänge, im eigenen Stoff zu arbeiten beginnt, zu denken für alle drei, dann beginnt die Freiheitsmöglichkeit. Solange die drei alleine wirken, gibt es keine Freiheit, nur eherne Notwendigkeit für den Menschen. Wenn der Vierte kommt, beginnt in dem

Augenblick, in dem der Mensch vom Unbewußten zum Bewußten gelangt, an der Grenzfläche die Freiheitsmöglichkeit. Aber das Bewußtsein kann jederzeit plötzlich wieder überwältigt werden im Unbewußten, dann verschwindet man wieder hinein in die Wirkungen der Notwendigkeit. Jedesmal, wenn das Bewußtsein in diesem Vierten hell erwacht, beginnt die Freiheitsmöglichkeit. Freiheit ist zunächst nur eine Möglichkeit, eine Richtkraft, etwas, was nach und nach geschaffen, verwirklicht werden kann. Wie kann das verwirklicht werden? Es beginnt, wenn aus diesem Vierten, dem Ich, eine neue schöpferische Tätigkeit erwächst, nämlich aus Einsicht zu handeln. Das wiederum ist nur möglich, wenn das Ich etwas im Denken, Fühlen und Wollen, in diesen drei zu arbeiten beginnt. Dann wird im nächsten Seelengebiet etwas verwandelt, bewußtgemacht, umgestaltet, dann geht es tiefer, nicht nur im augenblicklichen Denken, Fühlen und Wollen, sondern in den Lebensgewohnheiten, die sich auf diese drei beziehen. Dann geht es tiefer, bis zu dem Tiefsten des physischen Körpers. Gelänge es dem Ich, aus Einsicht nur im Augenblick ein bißchen die Gedanken zu kontrollieren, oder gelänge es dem Ich, noch tiefer zu gehen, so daß nach und nach das ganze Leben vom Ich aus gestaltet wird, was würde dann geschehen, was würde dann nach und nach für die Zukunft geschehen? Dann beginnen jene drei, die nur als Keime im Hintergrund in der geistigen Welt da sind, hervorzutreten. Denn sie entwickeln sich, je nachdem, wie das Ich an den drei unteren arbeitet. Diese drei höheren treten dann hervor. Geisteswissenschaftlich kann das so bezeichnet werden, daß der Mensch eine Leiblichkeit hat, die aus den göttlich schöpferischen Kräften stammt: Physischer Leib, Lebensleib oder Ätherleib, und alles im Seelischen, was eigentlich von selbst sofort da ist, ohne daß wir es verarbeitet haben, der Astralleib. Das sind die drei. Dann beginnt das Ich zu arbeiten und es ergeben sich drei Möglichkeiten, die heute nur in den ersten Anfängen in uns Menschen da sind. Diese nennt Rudolf Steiner in der Geisteswissenschaft: Geistselbst, Lebensgeist und

Geistesmensch. Diese drei höheren Möglichkeiten können nur entwickelt werden, wenn das Ich im eigenen Stoffe arbeitet. Das sind die drei, die im Olymp geblieben sind. Das haben die Nereiden und Tritonen ja schon ausgesprochen:

> Drei haben wir mitgenommen,
> Der vierte wollte nicht kommen;
> Er sagte, er sei der Rechte,
> Der für sie alle dächte.

Und dann haben sie hinzugefügt:

> Sind eigentlich ihrer sieben,

worauf die Sirenen fragen:

> Wo sind die drei geblieben?

Aber diese Frage können die Nereiden und Tritonen nicht beantworten:

> Wir wüßten's nicht zu sagen,
> Sind im Olymp zu erfragen;

Und dann geht es weiter:

> Dort west auch wohl der achte,
> An den noch niemand dachte.
> (V. 8186 ff.)

Es geht tiefer und tiefer. Der Mensch hatte in seiner Entwicklung zunächst alle diese Möglichkeiten in sich. Dann kam aber die ganze Spaltung durch die Mephisto-Kräfte, das Doppelt-Böse, nach den beiden Richtungen rechts und links, Sklerose und Blut,

Tod und Leidenschaft, das Ahrimanische und das Luziferische. Der Mensch wurde dadurch herausgerückt, ver-rückt, er fiel heraus aus dem ursprünglichen Zusammenhang. Die Möglichkeiten sind aber trotzdem da. Es stellt sich nun die Frage, wie das weitergehen würde, ob es einfach weiter und weiter gehen würde. Zur Beantwortung dieser Frage muß man auf den Wesenskern im Göttlichen der ganzen Entwicklung schauen, der in dieses Entwicklungsgeschehen hineingestiegen ist und dem Ganzen den Zukunftssinn gegeben hat: Das Wort ist Fleisch geworden,

...der achte,
An den noch niemand dachte,
(V. 8198f.)

nämlich in der vorchristlichen Zeit, ausgestattet mit dem ganzen Verwandlungsimpuls der Neugestaltung für die Zukunft. Wenn das Ich, Kadmilos, diesen achten in sich aufnimmt, dann wird die Verwandlung stattfinden, so daß die drei Unsichtbaren beginnen, in dem bereits vorliegenden realisiert zu werden. Langsam wird das Böse, das doppelt Böse, nicht nur zurückgewiesen, nicht nur angeschaut, sondern es beginnt, verwandelt zu werden. Alles sind Kräfte, in allem sind Kräfte, die unentbehrlich sind, die eingegliedert werden können in das Ganze.

Mit den Kabiren, die wir jetzt ausführlich betrachtet haben,- hängt Proteus sehr eng zusammen. In der «Klassischen Walpurgisnacht» ist diese Proteus-Gestalt besonders wichtig. Diese Gestalt, die sich ständig verwandelt und immerfort anders erscheint, ist der werdende Mensch. In dem ganzen Geburtsvorgang, der sich im «Ägäischen Meer» abspielt, entwickelt sich der Mensch; es ist der werdende Mensch.

Man kann nun aber nicht so auf dieses gewaltig große Bild der «Klassischen Walpurgisnacht» hinschauen, daß es nur eine einfache, eben *eine* Bedeutung hat. Die ganze «Klassische Walpurgisnacht» ist alles zugleich, Phantasie, Wirklichkeit, Poesie.

Erst nachdem sich dieses Ganze abgespielt hat, kann Helena, nach der Faust sucht, erscheinen. Bereits in der «Hexenküche» war Helena Faust als Menschen-Urbild-Quelle erschienen. Auf dem Weg, den Faust zu dieser Urbild-Quelle beschreitet, ist er zunächst Gretchen begegnet, wobei aber diese Urbild-Suche durch die Leidenschaft heruntergerutscht ist in die Tragödie. Auch Gretchen trägt diese Quelle in sich, großartig begrenzt. Es ist eine Quelle, aus der Faust dasjenige Geistige schöpfen möchte, durch das er erst ganz Mensch werden kann. Dazu muß er ein drittes Mal die Schwelle überschreiten, den Gang zu den Müttern antreten. Dieses Mal gelingt es, er schafft es, in die geistige Welt hereinzudringen und auch wieder aus ihr herauszukommen. Erst im 3. Akt des II. Teiles kommt die reale Verbindung mit diesen Kräften zustande.

Helena ist eine bestimmte menschliche Gestalt des alten Griechenland, in der sich die ganze Schönheit und dadurch auch vieles von der Gefahr der griechischen Kultur konkretisiert. Goethe hatte ja das deutliche Gefühl, daß er, um ordentlich Mensch zu sein, mindestens 3000 Jahre in seinem Bewußtsein umfassen können müsse. Hier blickt er weit zurück und kann aus einer entsprechend weiten Dimension gestalten. Anders ist es, wenn die Möglichkeiten der Zeitüberschau, des weiten Blickes auf die Geschichte für den Menschen sehr klein sind, dann ist es eine eingeschränkte Eintagsfliege und man klebt im Augenblick. Solange der Mensch an den Augenblick gebunden ist und diese Weite der Menschheitsgeschichte nicht in sich trägt, kann er sich selbst nur sehr eingeschränkt verstehen. Es kommt hier noch hinzu, und das gilt gerade auch für den einzelnen, daß der Mensch den Sinn des einen Erdenlebens nur finden kann, wenn er im Rückblick das eigene Leben überschauen kann und vorausblickt bis zum Tode. Diese allgemeine Gesetzmäßigkeit läßt sich hier im Besonderen der einzelnen Erscheinung finden. Goethe genügte allerdings die Überschau über sein eigenes Leben nicht. Im Blick allein darauf fühlte er sich eingeschränkt. Er mußte weiter schauen. Für Goethe waren die wiederholten Erdenleben volle, dichte Wirklichkeit, sogar ganz konkret in bezug auf Orte und Menschen. Auf diese Weise gelang es ihm, die Weltgeschichte im Innern zu erobern, allerdings hat er darüber nur selten gesprochen. Goethe war Empiriker. Er wollte aus der Anschauung des unmittelbaren Lebens tiefer dringen. So blieb er nicht stehen bei der Anschauung z.B. des Lebens in Weimar, er wollte tiefer, weiter und wandte sich deshalb zunächst rückwärts, nach Italien, und fühlte das ganz als einen Teil von ihm selbst. Es war, als ob die Geschichte ein Teil von ihm selbst sei.

Mit dem Bewußtsein seiner selbst in der Zeitdimension von Vergangenheit und Zukunft beginnt die Freiheitsmöglichkeit. Wie ist es mit der Schönheit. Um diese zu verstehen, müßte man sie für jedes Jahrhundert gesondert betrachten. Sie wandelt sich, die Menschen fassen sie sehr verschieden auf. Für J. W. Goethe war die Schönheit bei den Griechen von magisch-göttlichen Kräften durchzogen; sie hatte für ihn kultischen Charakter. Auf dieses Besondere der griechischen Schönheit muß man noch etwas genauer schauen. Aus dem ursprünglich magisch-mythischen Bewußtsein wurden in der griechischen Kultur langsam die Begriffe gestaltet und zwar so, daß z. B. der Begriff der Schönheit ohne jede Innerlichkeit gedacht wurde. Erst im Mittelalter kam die Innerlichkeit zur Schönheit hinzu, doch liegt im Mittelalter noch eine Spaltung zwischen diesem Innerlich-Schönen und der äußeren Erscheinung vor. Erst in der Neuzeit, wo innen und außen einander begegnen und zusammenkommen, setzt die Lichtseelenatmung ein, kann diese Spaltung überwunden werden.

Diese drei Stufen der Schönheit nimmt J. W. Goethe in die Gestaltung des 3. Aktes auf: In der ersten, griechischen Stufe findet man die Schönheit außen, dann folgt die mittelalterliche Stufe, die ganz geprägt ist von Innerlichkeit, und erst auf der dritten, neuzeitlichen Stufe können Innen und Außen in Harmonie kommen. Diese neue Harmonie kann in Arkadien gefunden werden, jenem Ort, an dem aus der tiefen Innerlichkeit des Menschen der Zugang zu dem Geistigen in der Natur gesucht wird. Hier kann sich der Mensch mit der Natur verbinden; die Überwindung der Trennung von Subjekt und Objekt durch die Schönheit wird möglich.

Diesen Stufenweg der Schönheit durchschreitet auch Helena. Helena war ja der griechischen Sage nach von Paris geraubt und nach Troja entführt worden. Aus diesem Grunde war dann der sog. Trojanische Krieg ausgebrochen, zu dem die Griechen nach Troja gezogen waren, um Helena zurückzuerobern. Menelaos, ihr Gemahl, hatte der Überlieferung nach den Plan, sie nach Ende des Krieges feierlich zurückzuführen und dann hinrichten zu lassen. Es ist aber eine Frage, ob Helena wirklich in Troja war, da sie einer anderen Überlieferung nach nämlich nie nach Troja gekommen war. Dort befand sich nur ein Scheinbild Helenas, ein Idol. Die wirkliche Wesenheit Helenas war in Ägypten geblieben.

Nun erscheint Helena zu Beginn des 3. Aktes vom Strand in der Nähe Spartas kommend. Ist es ein Phantasiegebilde, ist es die Wesenswirklichkeit? Das Wesen der Schönheit ist immer fragwürdig. Es ist eine schillernd tiefe, vielschichtige Situation. Helena selbst ist in dieser Situation im Zweifel über ihre eigene Wesenheit.

Phorkyas: Doch sagt man, du erschienst ein doppelhaft Gebild,
In Ilios gesehen und in Ägypten auch.

Helena: Verwirre wüsten Sinnes Aberwitz nicht gar.
Selbst jetzo, welche denn ich sei, ich weiß es nicht.
(V. 8872ff.)

Alles, was hier mit Helena geschieht, vollzieht sich im Innern der Seele Fausts. Faust selbst muß diese Stufen durchmachen, die Weltgeschichte im Innern erobern, schwankend zwischen Idol und Wirklichkeit. Und nun soll Helena geopfert werden:

Phorkyas:	Alles ist bereit im Hause, Schale, Dreifuß, scharfes Beil, Zum Besprengen, zum Beräuchern; das zu Opfernde zeig' an!
Helena:	Nicht bezeichnet' es der König.
Phorkyas:	Sprach's nicht aus? O Jammerwort!
Helena:	Welch ein Jammer überfällt dich?
Phorkyas:	Königin, du bist gemeint!

(V. 8921 ff.)

Ist es die wirkliche Helena, die geschlachtet werden soll? Am Ende dieser Szene wird sie vom Nebel umhüllt – vor Augen ihren Tod. Dieses äußere Todeserlebnis ist Voraussetzung dafür, daß im nächsten Schritt ein Innenerlebnis erobert werden kann, wenn Helena nun im mittelalterlichen Burghof wieder erscheint.

Der Reim tritt in der altgriechischen Dichtung nur an ganz wenigen Stellen auf, immer mit magisch-kultischer Bedeutung, als magische Kraftwirkung. Im Mittelalter wird nun der Reim wie selbstverständlich als Ausdruck eines inneren Seelenerlebnisses gebraucht und Helena möchte dieses Reimen auch lernen. Goethe zeigt die weltgeschichtliche Entwicklung des Reimes in dem Zusammenweben von Mann und Frau, indem sie einander die Hand geben. Helena lernt zu reimen und erobert sich die Innerlichkeit des Seelenraumes. Gegenüber Faust sagt sie:

> Vielfache Wunder seh' ich, hör' ich an,
> Erstaunen trifft mich, fragen möcht' ich viel.
> Doch wünscht' ich Unterricht, warum die Rede
> Des Manns mir seltsam klang, seltsam und freundlich.
> Ein Ton scheint sich dem anderen zu bequemen,
> Und hat ein Wort zum Ohre sich gesellt,
> Ein andres kommt, dem ersten liebzukosen.

(V. 9365 ff.)

Nach Griechenland und Mittelalter treten nun beide in die dritte Stufe ein. Sie kommen nach Arkadien, wo drinnen und draußen eins ist. In der Regieanweisung ist es ein schattiger Hain. Eine Vorstufe von Arkadien hatte Faust bereits im Studierzimmer erlebt, wo der Geisterchor auf dieses Zeitlose hinweist:

> Schwindet, ihr dunkeln
> Wölbungen droben!
> Reizender schaue,
> Freundlich der blaue
> Äther herein!
>
> (V. 1447 ff.)

Die Polarität von außen und innen wird in Arkadien gesteigert im schöpferischen Kind, das aus der Poesie, der Kunst, dem Geist heraus geboren itst: Euphorion. Dieses Kind muß geboren werden, sonst wäre die Begegnung von Faust und Helena zurückgefallen. Die Vereinigung von Faust und Helena ist allerdings ein rein geistiger Vorgang, doch in jener geistigen Welt, die die physische Welt bewirkt. So ist auch Euphorion ein übersinnliches Wesen.

In jeder Begegnung zwischen Mann und Frau muß ein Kind kommen – physisch oder geistig –, sonst geht es wieder auseinander, ganz bestimmt. Die Verbindung wird geheiligt durch das physische oder geistige Dritte. Will man sich nur genießen, fällt man aus der realen Weltwirklichkeit heraus. Ähnlich ist es mit der Kunst. Diese begegnet einer ersten Gefahr. Es ist nicht sicher, ob es Idol ist oder Wirklichkeit (Helena). Dann kommt eine zweite Gefahr, nämlich im Genuß zu verharren. Wenn das geschieht, ist sofort das Wesen weg. Genuß ist nur ein Durchgangsmittel. Euphorion bleibt nie sich selbst genießend. Er liebt die Aufgabe, für die Freiheit auch zu sterben. Er ist auf dem wahren Weg des Menschwerdens. Euphorion wächst über die Kräfte von Faust und Helena hinaus; die Poesie läßt sich nicht beherrschen.

Heilige Poesie,
Himmelan steige sie!

(V. 9863f.)

Eine kleine Neigung liegt in Faust und Helena, nicht über sich hinauszukommen. Euphorion hingegen steigt hinein in das große Ganze der sozialen Wirklichkeit, wirft sich hinein in die Tat. Es ist die Überbrückung von drinnen und draußen, sofort sich in eine bestimmte Tat hineinstürzend. Die geistige Kraft der Poesie, Euphorion, kann auch durch den Tod gehen. Er ist bereit für den Opfertod und ruft:

Und der Tod
Ist Gebot,
Das versteht sich nun einmal.

(V. 9888ff.)

Euphorion stirbt und ruft seine Mutter aus der Tiefe:

Laß mich im düstern Reich,
Mutter, mich nicht allein!

(V. 9905f.)

In dem Augenblick, wo Euphorion stirbt, stirbt auch Helena. Sie verschwindet und läßt nur etwas Äußerliches, ein Tuch, zurück.

J. W. Goethe schilderte, daß er an Lord Byron gedacht habe, als er Euphorion schuf. Was hat Goethe hier gesehen? Lord Byron war sehr umstritten, gehaßt und bewundert von ganz Europa. Niemand war ihm gegenüber gleichgültig geblieben. Er war mit einem Klumpfuß geboren worden und trotzdem wurde er ein Spitzensportler; eine Überschußkraftentwicklung. Er sprengte die Grenzen der bürgerlichen Gesellschaft mit Skandalen, Liebesgeschichten, Scheidungen. Und es sprudelte aus ihm heraus.

Aus England herausgeflogen, kam er nach Pisa, wo er 1821 wohnte, mit diversen Haustieren zusammen. Gleichzeitig war er der große Freiheitsheld. In den griechisch-türkischen Krieg z.b. fuhr er sofort, mitten in den Kampf. Es war eine aufsteigende, sprudelnde Kraft in ihm, nicht die eigene Poesie genießend, sich einsetzend für andere Menschen, rücksichtslos gegen sich selbst. Goethe sah in ihm diese Kraft des werdenden Menschen, sich einsetzend für ein großes Menschheitsziel. Das griff er auf.

Die zerstörenden Kräfte des Krieges, die aufbauenden Kräfte der Ehrfurcht

Faust erwacht nach diesem ganzen, großen Geschehen mit Helena und Euphorion allein auf einem Berggipfel im Hochgebirge. In der nächsten Stufe müssen die Kräfte nun neu errungen, hineingeworfen werden in die schwierige Wirklichkeit der physischen Welt. Bevor auf alles das, was im 4. Akt geschieht, eingegangen wird, soll auf eine dritte wesentliche Kraft neben Helena und Faust geschaut werden, die in dem Ganzen drinnen ist. Immer wenn Helena in ihrer strahlenden Schönheit erscheint, tritt gleichzeitig Mephisto, der Träger des Doppelt-Bösen, in seiner ganzen Häßlichkeit auf. Hier hat die Häßlichkeit eine sehr notwendige Funktion. Ohne diese Häßlichkeit wäre ja der ganze 3. Akt eine süße, unerträgliche Suppe.

Kunst besteht ja nicht darin, das Schöne in Harmonie süß zur Entfaltung zu bringen, sie beginnt vielmehr in der Auseinandersetzung von Schönheit und Häßlichkeit.

Nun, im 4. Akt im Hochgebirge, stellt sich der alte, unverwandelte Mephisto wieder ein. Was jetzt kommt, ist oberflächlich leicht zu verstehen und hat zugleich ungeheure Tiefen. Es beginnt mit Faust auf dem Berggipfel, mitten in der Gesteinswelt. Das Geologisch-Feste ist ja die ganze Zeit schon da gewesen, nur hat Faust es nicht bemerkt. Jetzt erst fängt Faust an, sich mit diesem Gebiet auseinanderzusetzen.

Schaut man auf das Verhältnis des Menschen zu den Naturreichen, zu Tier, Pflanze und Mineral, so kann man bemerken, daß es sich umso schwieriger gestaltet, je entfernter das entsprechende Naturreich vom unmittelbaren Erleben des Menschen ist. Und jetzt sieht man, daß es für den Menschen am schwierigsten ist, sich mit dem Mineralreich zu verbinden. Doch gerade darauf ruht das Ich-Bewußtsein.

Am Anfang des 4. Aktes wacht Faust auf. Er ist schon einmal aufgewacht am Anfang des 1. Aktes, doch da war er von den Elementarreichen innig aufgenommen worden. Nun ist Faust voll anwesend im gewöhnlichen Ich-Bewußtsein. Er ist in das körperliche Leben zurückgekehrt und sofort will er etwas tun. Faust hat das Meer erblickt (V. 10198) und je länger er darauf schaut, desto deutlicher wird ihm die Idee, daß er etwas ganz Neues selbst erringen, selbst schaffen will. Da, wo noch kein Boden ist, will er Land gewinnen, das herrische Meer vom Ufer ausschließen – und das geht mit Erfolg und Zerstörung, wie im 20. Jahrhundert. Um seine Idee durchzusetzen, muß Faust seine Macht einsetzen, Krieg führen, siegen und dadurch die entsprechenden Rechte gewinnen. Es ist die Unterdrückung im Namen der Menschenrechte, die Kolonialisierung, der Grundton unserer Zeit, wofür alle, die am Wohlstand Anteil haben, verantwortlich sind.

Um die kommende Schlacht siegreich zu führen, gibt Mephisto Faust drei Gesellen zur Hand, die Goethe in Anknüpfung an das Alte Testament gestaltet hat. Dort (Samuel II, 23,8-13) werden drei Helden beschrieben, die Helden Davids, von denen der erste 800 auf einmal schlug, der zweite (Ellasar) ein Räuber und der dritte (Samma) der Verteidiger war. Diese biblischen Heldentypen griff Goethe auf und verwandelte sie in die drei Mephisto-Helfer Raufebold, Habebald und Haltefest. Es sind drei Formen der Brutalität. Die typische jugendliche Brutalität in Raufebold, darauflosgehend, im Augenblick losschlagend, die mehr reflektierte, nüchtern-effektive Brutalität von Habebald, der die Dinge bekommen will, und die Brutalität des alten Haltefest, der alles, was er schon ergaunert hat, behalten will, der von allem will, daß es so bleibt, wie es ist.

Mit dem Krieg, in den diese drei Kräfte eingespannt sind, wird man auf weltgeschichtlich schwierige Zusammenhänge verwiesen. Der Krieg hängt ja u.a. mit dem geologischen Grund zusammen. Das Eisen, das Harte, bildet die notwendige äußere Grundlage. Es ist gleichzeitig die äußere Grundlage des Ich-Bewußtseins. Der Krieg, der hier inszeniert wird, dient der gesteigerten Entwicklung des Bewußtseins des Menschen. In einer ersten Phase kann man sehen, daß durch Krieg immer wieder ein Aufwachen des Bewußtseins und ein Aufbruch der Kultur entstand. Er diente einst der Entwicklung des Ich-Bewußtseins und förderte den Einstieg in die Erdenentwicklung. Solche kriegerische Tätigkeit ist auch nicht wegzudenken aus dem Alten Testament. Sie ist ständig da, doch heißt es gleichzeitig: «Du sollst nicht töten!». Darin liegt eine gewaltige Spannung in bezug auf die Mars-Kräfte des Krieges. Der Krieg ist nie eindeutig und kann nicht einfach beurteilt werden. Man muß genauer schauen, an welcher Stelle er im Entwicklungsgang der Menscheit auftritt.

J. W. Goethe geht hier auf die bösen Wirkungen des Krieges ein und stellt diese in den drei üblen Gesellen dar. Seit dem Alten Testament (Samuel II, 23,8-13) haben diese ursprünglichen Helden eine Verwandlung durchgemacht, sie sind in der Zwischenzeit böse geworden. Geht der Krieg also in einer zweiten Phase über diese ursprüngliche Bedeutung hinaus, dann wirkt er kontraproduktiv. Es hat dann keine Entwicklung der Ich-Kräfte stattgefunden. Sind die Menschen im Laufe der Geschichte durch den äußeren Krieg nicht zureichend aufgewacht, hört er nicht auf und erhält einen verschobenen Grundzug. Die Menschen haben die mögliche Entwicklung nicht genügend mitgemacht und sind stehengeblieben. Wären die Menschen aufgewacht, würden sie die Marskräfte des Krieges zu inneren, schöpferischen, geistigen Kräften verwandelt haben. Geschieht diese Verlagerung der kriegerischen Kräfte im Innern nicht, dann wird das Veräußerlichte des Krieges immer schlimmer und schlimmer. Anonyme Kräfte beginnen dann durch Suggestion in das ganze Geschehen hereinzuwirken. Dabei werden die Menschen unwichtig, vielmehr fangen Kräfte von außen an zu agieren, der einzelne Mensch steht nicht mehr dem einzelnen Menschen gegenüber. Das ist die Situation des 4. Aktes.

Faust hätte sich ja am Ende des 3. Aktes sagen können: «Jetzt bleibe ich in Arkadien». Das hat er aber nicht getan, weil er nicht für sich etwas Schönes haben will. Nein, vielmehr steigt er hinein in das Grenzenlose der Menschheit. Es muß eine Verwandlung durch das Ich des Menschen kommen. So wird Faust immer tiefer in die Schlacht verwickelt, umgeben von diesen drei üblen Gesellen, in denen die verspäteten und daher böse gewordenen Mars-KriegsKräfte wirken. Durch Mephisto wird Faust immer mehr in den Krieg verflochten, so daß er erst, als ein Gegenkaiser ausgerufen wird, überhaupt bemerkt, daß er inzwischen als Kaiser eingesetzt worden ist. Der Krieg wird gewonnen und Faust hat sein Ziel erreicht, er erhält das Recht auf das Land unter dem Meer. Es entspricht dies dem Grundzug der ganzen neueren Zeit, daß man mit Technik alles erobern und sich untertan machen kann, was durch die Natur gegeben ist. Faust kann jetzt zum Fortschritts-Manager in einem großen technologischen Projekt werden. Gleichzeitig mit diesem Eroberungszug kommt für Faust eine tiefere und tiefere Entfremdung und damit zugleich eine neue Bewußtseinsmöglichkeit. Er steigt herein und herunter.

Zu Beginn des 5. Aktes entwickelt sich das Idyllische in Reinkultur. Bei Philemon und Baucis gibt es keine Spur von moderner Technologie. In tiefer Frömmigkeit und Ehrfurcht leben diese beiden Alten miteinander, in ihrem Leben in reichem und tiefem Maße Religion übend. Es ist eine religiöse Provinz ohne Wissenschaft und Kunst bei Philemon und Baucis. Diese Provinz der Philemon- und Baucis-Stimmung kennt auch Faust. Besonders stark hatte er diese Stimmung am Ostermorgen kennengelernt, als das Tönen der Osterglocken ihn aus seinen dunklen Selbstmordgedanken geweckt und ihm die in Kindheitstagen erfahrene tiefe Andachtsstimmung in Erinnerung gebracht hatten. Faust trägt diese Stimmung auch jetzt in sich, doch sie paßt nicht zum Fortschritt der technologischen Entwicklung. Jetzt irritiert ihn das Gebimmel der Glocken jener kleinen Kapelle unweit der Hütte von Philemon und Baucies. Das Läuten irritiert ihn gerade deshalb, weil er diese Provinz selbst in sich hat. Die Ehrfurchtskräfte müssen aber durch das Denken aufgeweckt werden. Dann erst, wenn die Ehrfurchtskräfte im Denken aufgeweckt und gepflegt werden, tauchen im Denken die Weltvorgänge auf. Geschieht das nicht, spinnt sich das Denken in sich selbst ein.

Rudolf Steiner weist in seiner Schrift «Wie erlangt man Erkenntnisse der höheren Welten», wo er die Bedingungen der Geheimschulung schildert, gerade auf die Entwicklung der Devotion, der Ehrfurcht als auf die erste Bedingung der Geheimschulung hin. Bei Rudolf Steiner ist aber nicht die Ehrfurcht der Kapelle, sondern die Ehrfurcht vor Wahrheit und Erkenntnis gemeint.

Faust trägt zwar diese Provinz in sich, die ihm sogar das Leben gerettet hatte, doch hat er diese noch nicht in die nächste Stufe verwandelt, in die Ehrfurcht vor Wahrheit und Erkenntnis. Bei dem großen Projekt, das Faust vor hat, stören Philemon und Baucis. Er möchte sie gerne wegschaffen. Sie sollen umplaciert werden, damit Faust auch dieses Stück Welt besser in sein Wirtschaftsimperium einbeziehen kann. Die Dreieinigkeit der modernen Zeit, Krieg, Handel und Piraterie, übt ihre Herrschaft aus. Man nimmt, was man bekommen kann. Wie der moderne Mensch, so möchte auch Faust sich entfalten und damit zerstört er. Faust läßt eine kleine Bemerkung gegenüber Mephisto darüber fallen, daß ihn die Idylle von Philemon und Baucis störe. Mephisto hört das, versteht die Absicht und führt sehr schnell etwas so verdreht aus, daß es zu einer gewaltigen Zerstörung kommt. Philemon und Baucis werden umgebracht.

Es gibt zwei Haupttypen von tragischer Qualität, und beide Qualitäten sind unentbehrlich für die Entwicklung des Menschen. Bei der einen Qualität kann etwas Leuchtendes, Starkes, Gutes eine kleine schwache Stelle (z.b. bei Achilleus oder Siegfried) haben. Angriffe von außen stoßen dann direkt auf eine solche schwache Stelle und dies führt zu Elend, ja bis zum Tod. Das ist eine Art von Tragik, die hauptsächlich in der Vergangenheit vorkam. Es ist gewissermaßen eine Auseinandersetzung mit sich selbst. Die zweite Art von Tragik wird in der Zukunft wachsen, wachsen und größer werden: es ist die tragische Seite des Wortes. Dies betrifft besonders Gesprächsformen in einem sozialen Bezug, einem sozialen Prozeß. Bei einem Gespräch ist immer die Frage, ob die anderen Menschen mich verstehen können, ob das Gedachte verständlich in Worte gekleidet werden kann. Oft muß ja etwas unausgesprochen bleiben und es ist dann unsicher, ob der andere auch das Unausgesprochene kongenial berücksichtigen kann oder eben nicht. Manches Wort wird verdreht, wenn es herauskommt, manches kann nicht vollgültig zum Ausdruck gebracht werden und dieses beginnt dann sich mit ungewollten Tendenzen zu verselbständigen. Dieser Typus beginnt in der gegenwärtigen Gesellschaft zu wirken und viele tragische Situationen hervorzurufen. Es ist eine Auseinandersetzung mit der Welt.

Mephisto greift die Worte Fausts, mit denen er seine Irritation über das Gebimmel ausspricht, auf. Philemon und Baucis sollen weggeschafft werden. Was geschieht? Mephisto verdreht die Worte nur etwas und schlägt sofort zu. Faust wird ohne Absicht zum Mörder, mitschuldig.

Beide Arten der tragischen Qualität sind für die menschliche Entwicklung unentbehrlich. Es sind zwei große Aufgaben, auf der einen Seite die Schwachstellen in mir selbst zu entdecken und auf der anderen Seite diese Kräfte in der großen Welt kennenzulernen. Unmittelbar vor der großen Zerstörung, dem Mordbrand, läßt Goethe Lynkeus, den Schauer, hervortreten.

Zum Sehen geboren,
Zum Schauen bestellt,
Dem Turme geschworen,
Gefällt mir die Welt.
Ich blick' in die Ferne,
Ich seh' in die Näh'
Den Mond und die Sterne,
Den Wald und das Reh.
So seh ich in allen
Die ewige Zier,
Und wie mir's gefallen,
Gefall' ich auch mir.
Ihr glücklichen Augen,
Was je ihr gesehn,
Es sei wie es wolle,
Es war doch so schön.

(V. 11288 ff)

Lynkeus, der die Schönheit Helenas gesehen hat und nun das wunderbare Schauen beschreibt, muß gerade nach diesen Worten Zeuge für den Mord an Philemon und Baucis werden. Dicht neben dem Wunderbaren liegt hier der reinste Zynismus. Es ist das Problem des ästhetischen Genießens, das hier aufbricht.

Das langsame Sterben Fausts –
sein Empfang in der geistigen Welt

Ist Faust überhaupt ein Vorbild nach allem, was bis jetzt an Bösem, an Irrtümern und Zerstörung schon geschehen ist? Jeder Mensch hat im Laufe seines Lebens starke, leuchtende Vorbilder, die sich jedoch im Entwicklungsgang der Biographie stark verwandeln.

Mit zwölf Jahren z.B. hat der Mensch meistens ein Vorbild in einem bestimmten anderen Menschen. Man hat in diesem Alter eine so starke Idealkraft, daß man sich ein möglichst fleckenloses Ideal wünscht. Ja, es gibt sogar eine gewisse Neigung, Flecken, die unter Umständen da sind, nicht zu sehen. Manche Menschen bleiben auf dieser Stufe des 12jährigen stehen. Meistens aber geht es weiter und das ganz konkrete Vorstellungsbild beginnt tiefer zu werden, seelisch-geistiger, wahrer. Etwas, was nur hindurchscheint, wird zum Ideal. Umfassend und doch konkret anwesend im Innern wird es. Mit jeder Enttäuschung kann man dann dazu neigen, davon Abstand zu nehmen. Es entsteht langsam eine Spannung zwischen dem Ideal und dem konkreten Menschen. Das ist die Situation mit 14 oder 15 Jahren. Und immer stellt sich die Frage: Ist es möglich, das Hier und Jetzt so zu finden, daß darin die ganze, umfassende Idealkraft dabei anwesend ist im Inneren?

Faust will auf keinen Fall an der Oberfläche des Hier und Jetzt bleiben, er ist auf alle Fälle kein Spießbürger. Wonach strebt er eigentlich? Er strebt auf jeden Fall über das Hier und Jetzt hinaus;

er sucht das Endenlose. Kann man dieses Unendliche auch im Hier und Jetzt finden, die Kraft des Unendlichen im Augenblick zur Geltung bringen? Das ist nur möglich, wenn man nicht an der Oberfläche verweilt, wenn man mit entsprechender Ruhe dasjenige gestaltet, was im Innern zu finden ist, wenn man das unbegrenzte Streben zu vereinigen lernt mit innerer Ruhe.

Am 26. Juli 1828 schrieb J.W. Goethe auf Schloß Dornburg einen Brief an Carl Friedrich Zelter, in dem er den «Faust» auf eine ganz bestimmte Art erwähnt. Er schreibt: «Meine nahe Hoffnung, Euch zu Michael die Fortsetzung von Faust zu geben, wird mir denn auch durch diese Ereignisse vereitelt. Wenn dies Ding nicht fortgesetzt auf einen übermütigen Zustand hindeutet, wenn es den Leser nicht auch nötigt, sich über sich selbst hinauszumuten, so ist es nichts wert. Bis jetzt, denke ich, hat ein guter Kopf und Sinn schon zu tun, wenn er sich will zum Herrn machen von allem dem, was da hineingeheimnisset ist.»[5]

Man muß sich also über sich selber hinausmuten, will man den Faust verstehen. Schauen wir z.B. auf Weisheit und Güte, zwei große Idealkräfte, um die es geht. Naiv-Weises und Schwach-Gutes kann man als ungeprüfte Fähigkeit überall finden. Es ist ein Schafs-Charakter in der menschlichen Seele. Wodurch kann man aus diesem ungeprüften, träumenden Zustand aufwachen? Durch Irrtum und Erfahrung des Bösen hindurch kann eine Metamorphose zum Bewußt-Weisen und Stark-Guten erfolgen. Der Irrtum ist aber unentbehrlich für die Wahrheitssuche; genauso ist auch das Stark-Gute nur durch den Durchgang durch das Böse zu gewinnen.

Wenn wir nun in der Betrachtung zum 5. Akt fortfahren, sehen wir, wie Faust nach technischem Fortschritt sucht, Eroberungen aus dem Nichts erstrebt und in dieses Streben mischt sich der Irrtum, die Zerstörung hinein, nur daß er die Zerstörung nicht selbst durchführt. Dieses Zerstörungswerk vollführen seine drei Diener, es ist die Dreieinigkeit aus Krieg, Handel und Piraterie, die Mephisto geschickt hat. Mephisto:

Krieg, Handel und Piraterie,
Dreieinig sind sie, nicht zu trennen.
(V. 11187f.)

Hier sind wir mitten in der modernen Wirtschaftssituation. Faust beteiligt sich an dem, was geschieht, wird mitschuldig und doch ist er mit diesem nicht zufrieden. Er kann das Hier und Jetzt nicht aushalten. Er hat Mephisto gegenüber den Wunsch geäußert, Philemon und Baucis zu versetzen, ihnen ein anderes Stück Land zu geben. Was hat Mephisto daraus gemacht? Er ist mit seinen Genossen davongestürmt und hat alles in Brand gesetzt. Dabei wurden die beiden Alten ermordet. Als Faust von dieser Zerstörungs-Mord-Tat hört, ist er empört, ganz empört:

Wart ihr für meine Worte taub!
Tausch wollt' ich, wollte keinen Raub.
Dem unbesonnenen wilden Streich,
Ihm fluch' ich; teilt es unter euch!
(V. 11370ff.)

Es ist ein großer Rückschlag, und Faust flucht über das, was er selbst gemacht hat, woran er zumindest beteiligt war. Diese Situation ist vergleichbar der Situation der modernen Naturwissenschaft, die ja die Folgen ihrer Taten ebenfalls nicht hervorbringen will. Man will eigentlich die Natur nicht zerstören und doch ist die Bedrohung der Natur so groß, daß sie ständig durch den Fortschritt von Technik und Naturwissenschaft zerstört wird. Es ist also für uns genauso wie für Faust, wir stehen drinnen in den Folgen unserer eigenen Taten und sind mitschuldig geworden. Dabei müssen wir jede Schuld groß denken, nicht sparsam, zurückhaltend.

Gerade in dem Augenblick, wo Faust die massive Fülle seiner Schuld erfahren und diesen Zusammenhang erkannt hat, schwebt etwas schattenhaft heran. Es sind vier Gestalten. Der Mangel, die

Schuld und die Not sind Kräfte, die einen Menschen, der beginnt zu sterben, nicht treffen können, also einen Menschen, dessen Leiber schon etwas gelockert sind. Nur die Sorge, die vierte Kraft, die jetzt auftritt, kann noch wirken und sie kommt unerbittlich und belastet die Seele. Zum ersten Mal in seinem Leben begegnet Faust der Sorge, zuvor war er ja immer weggerannt, hatte sie nie getroffen. Die drei, die nicht hereinkönnen, deuten auf das, was jetzt geschieht:

> Dahinten, dahinten! von ferne, von ferne,
> Da kommt er, der Bruder, da kommt er, der
> – – – – – – Tod.
> (V. 11396f.)

Faust ist nun in einen langsamen Sterbeprozeß hineingestiegen. Sterben bedeutet ja, den physischen Leib abzulegen und das Erdenleben von der geistigen Seite zu erfahren. Das beginnt schon jetzt, dieses langsame Distanzieren. Und in diesem Augenblick beginnt die Rückschau auf sein Leben:

> Noch hab' ich mich ins Freie nicht gekämpft.
> Könnt' ich Magie von meinem Pfad entfernen,
> Die Zaubersprüche ganz und gar verlernen,
> Stünd' ich, Natur, vor dir ein Mann allein,
> Da wär's der Mühe wert, ein Mensch zu sein.
> (V. 11403ff.)

Zunächst aber will Faust die Konsequenzen seiner Taten nicht annehmen und schickt die Sorge fort: «Entferne dich!» (V. 11422). Schon will er die alten magischen Mittel wieder ergreifen, doch da hält er inne und spricht zu sich selbst:

> Nimm dich in acht und sprich kein Zauberwort.
> (V. 11423)

Es ist das erste Mal, daß er keine Sprüche und Formeln verwendet. Faust ist jetzt auf dem Wege zu sterben und bei der Rückschau auf sein ganzes miserables Leben schaut er dieses von der Seite der Mißerfolge an. Er sieht das Elend in seiner ganzen Fülle. Doch der strebende Mensch ist in ihm: «Er, unbefriedigt jeden Augenblick!» (V. 11452). Selbst die Macht der Sorge will er nicht anerkennen:

> Doch deine Macht, o Sorge, schleichend groß,
> Ich werde sie nicht anerkennen.
>
> (V. 11493f.)

Die Menschen sind gewöhnlich blind gegenüber der geistigen Welt. Faust, der die Macht der Sorge erfahren muß, weil er sie nicht anerkennt, wird physisch blind; die Sorge läßt ihn erblinden. So wird das Draußen für ihn ganz finster und auf der inneren Seite des Augenblicks blitzt jetzt dafür die Ewigkeit auf. Im Inneren taucht sie als geistige Anwesenheit auf. Jene Vertiefung, durch die das innere Leben sinnvoll wird, leuchtet jetzt für ihn auf:

> Allein im Innern leuchtet helles Licht.
>
> (V. 11500)

Er ist unmittelbar vor dem Tod. Unerschütterlich ist aber immer noch die Kraft, mit der er seine Pläne weiter ausarbeiten läßt. Und sofort ordnet Faust die nächsten Schritte an, es geht weiter mit unermeßlicher Strebenskraft. In dem Moment wird das Werk fortgeführt, in dem das innere Licht in ihm auftaucht.

Wie ist es möglich, die Unendlichkeit, die Ewigkeit mit der Geistesgegenwart im Augenblick zu vereinen, ohne in die Bürgerlichkeit zu verfallen. Faust ist ja schon eine Weile auf dem Weg in den Tod. Aber sein Tod ist ein ausgedehnter Todesvorgang, der mit dem Auftritt der Sorge erst beginnt. Der erblindete Faust glaubt nun, rings um ihn herum baue man an seinem großen

Zukunftswerk, weil er die Menschen arbeiten hört. Indes schaufeln die Lemuren nur sein Grab. Und in dieser Situation benimmt sich Faust wie ein Tyrann. Er will einerseits die Menschen locken, in seinen Frondienst stellen, andererseits benimmt er sich wie ein Diktator. Aber dieses Tyrannische ist nur die eine Seite. Auf der anderen Seite lebt ein unbändiger Freiheitsdrang in ihm. Zwischen diesen beiden wird er immer noch hin- und hergeworfen:

> Nur der verdient sich Freiheit wie das Leben,
> Der täglich sie erobern muß.
>
> (V. 11575f.)

Die Freiheit wird zur Richtkraft für jene Tätigkeit, aus der der Mensch die Freiheit erst gewinnen kann. Unmittelbar vor dem Tod hat er diese Freiheitsidee ausgestaltet, dicht neben den schiefsten Ablenkungen, die in ihm noch eine starke luziferische Kraft hervorlocken. Im letzten Lebens-Augenblick befindet er sich noch in der größten Illusion:

> Zum Augenblicke dürft' ich sagen;
> verweile doch, du bist so schön!
> Es kann die Spur von meinen Erdentagen
> Nicht in Äonen untergehn. –
> Im Vorgefühl von solchem hohen Glück
> Genieß' ich jetzt den höchsten Augenblick.
>
> (V. 11581ff.)

Faust stirbt. Jetzt ist der Augenblick für Mephisto gekommen und er versucht, Fausts Seele zu erhaschen, glaubt er doch, daß er diese Seele gewonnen habe. Er versucht, Faust in seine Welt zu ziehen. Mephisto hängt an der äußeren Schale und kämpft, um alles das halten zu können. Ihm folgen die Lemuren, diese SkelettWesenheiten, die nur bei dem Totesten im Menschen verharren, dann die Dickteufel und die dürren Dünnteufel. Der ganze Höllenrachen steigt auf und Mephisto versucht, Faust hinein-, zurückzuziehen, so daß sich nichts Geistig-Seelisches nach dem Tode weiterentwitckeln kann, wenn der physische Leib abgelegt wird. Es ist eine offene Frage bei jedem Tode. Was geschieht beim Tode? Wird sich das Seelisch-Geistige wirklich frei machen in diesem? Wird es die Früchte mittragen können – oder wird es nur verschwinden? Es ist eine offene Frage für jeden einzelnen Menschen beim Tod, wo große Kräfte in Auseinandersetzung da sind. Und jetzt kommt von unten ein großer Schub von Kräften durch Mephisto – Dünnteufel und Dürrteufel und Dickteufel und Höllenrachen –, und er versucht, alles festzuhalten, so daß keine weitere geistig-seelische Entwicklung in Faust stattfinden kann. Sofort kommt von der anderen Seite die umgekehrte Gegenkraft: Engelwesenheiten, die helfen sollen, das Seelisch-Geistige vom physischen Leib loszulösen. Und ein sonderbares Spiel beginnt, in das Mephisto mit hineingezogen und dann ein bißchen getäuscht wird. Hier sehen wir hinein in ein ganz Wesentliches dieser Betrachtung Goethes in bezug auf Mephisto. J. W. Goethe sagte ja einmal, daß bei ihm der Teufel nicht Faust, vielmehr Faust den Teufel hole. Hier beginnt etwas in Mephisto zu geschehen. Er soll erzogen werden, soll sich dann nach und nach in der Zukunft verwandeln. Es ist die große Zukunftsperspektive der Verwandlung des Bösen, was man ständig in kleinen Zügen im Laufe der großen Faust-Dichtung entdecken kann.

Erstes Beispiel: Der Schlüssel zum Reich der Mütter. Mephisto übergibt den Schlüssel Faust und ist deshalb an seinem Weg zu der geistigen Welterfahrung der Mütter, der schöpferischen Urbilder mitbeteiligt. Ohne Mephisto, aber durch eine Verwandlung Mephistos, durch die seine Kräfte eben zum Schlüssel verarbeitet werden, kann Faust nicht in das Reich der Mütter gelangen. Es wird etwas verwandelt. Eigentlich denkt Mephisto: Ich gebe dir nicht den Schlüssel! Kommt nicht in Frage! Ich will verhindern, daß du zu dem Reich der Mütter kommen kannst! Aber trotz dieser Überzeugung wird Mephisto mit in diesen Vorgang hineingezogen. Das ist nur eine kleine Andeutung und bedeutet nicht, daß Mephisto in diesem Augenblick erlöst oder etwa vollständig wäre. Es ist nur eine kleine Andeutung in dieser Richtung.

Zweites Beispiel: Mephisto erscheint im 3. Akt in der häßlichen Gestalt der Phorkyas. Ein Sonderbares geschieht nun beim Übergang von der ersten zur zweiten Stufe im dritten Akt, wo Faust auf dem Wege ist, sich mit Helena zu vereinigen. Zunächst ist Helena draußen, dann auf dem Wege zum Innern der Burg und endlich zu dem Innen-Außen in Arkadien. Wer bringt Helena zu Faust? Mephisto in der Gestalt von Phorkyas! Ohne Mephisto wäre die zweite Etappe nicht gekommen. Helena und die anderen Frauen befinden sich zunächst vor dem Palast und werden dann durch diese häßliche Phorkyas hinein in die Burg geführt. Er wird dadurch selbst ein klein bißchen verwandelt. Er wird mitbeteiligt an diesem Geschehen.

Es gibt unergründliche Tiefen in diesem Ganzen. Überschaut Mephisto das Ganze? Keineswegs. Aber es wühlt etwas in ihm, wodurch er ständig auch sich selbst täuscht und doch dauernd sehen muß, daß es ihm nicht gelingt und daß etwas Gutes aus dem entsteht, was er nicht will. Es ist der Teil von jener Kraft, die stets das Böse will und stets das Gute schafft, und doch entdeckt er es.

Drittes Beispiel: In dieser Lage, nach dem Tode von Faust, steht Mephisto da, verzweifelt. Alles ist vergeblich gewesen und so richtet er seine letzten Worte an sich selbst:

> Bei wem soll ich mich nun beklagen?
> Wer schafft mir mein erworbnes Recht?
> Du bist getäuscht in deinen alten Tagen,
> Du hast's verdient, es geht dir grimmig schlecht.
> Ich habe schimpflich mißgehandelt,
> Ein großer Aufwand, schmählich! ist vertan;

Gemein Gelüst, absurde Liebschaft wandelt
Den ausgepichten Teufel an.
(V. 11832 ff.)

Er wurde mit hineingezogen. In drei Tagen hat er die Seele von Faust verpatzt. Dadurch, daß er ein bißchen verändert wurde, ist Faust aus seinen Händen hinausgeglitten, herausgekommen und Mephisto muß feststellen:

Und hat mit diesem kindisch-tollen Ding
Der Klugerfahrene sich beschäftigt,
So ist fürwahr die Torheit nicht gering,
Die seiner sich am Schluß bemächtigt.
(V. 11840 ff.)

Wiederum ist es eine kleine Stufe der Verwandlung des Bösen, aber nur eine kleine Stufe. Das ganze Reich des Bösen ist unergründlich groß und tief, und Goethe hat nur ein wenig in dieses hineingeleuchtet. Wenn man die weitere Entwicklung nach Goethe im 19. und im 20. Jahrhundert anschaut, dann sieht man, daß er da hineingeschaut hat. Aber wie ist das in der Zwischenzeit gewachsen, wie unermeßlich groß ist das geworden! Man könnte einwenden, daß alles viel zu liebenswürdig und glatt geschildert wird. Man muß sehen, daß eben etwas in einer bestimmten Richtung dargestellt ist und weiter und weiter und weiter gedacht werden kann, in beliebig großer Stärke und Tiefe wachsend. Aber es ist diese Stromrichtung, die hier in dem Faust-Drama durchlebt und erkämpft wird.

Dann folgt das große Abschlußgeschehen, das Aufsteigen des Seelisch-Geistigen, nachdem das Physische abgelegt worden ist und Mephisto vergeblich versucht hat, das Seelisch-Geistige hereinzureißen in das Physisch-Veräußerlichte. Da hat Goethe etwas Großartiges versucht, man muß betonen: versucht. Das würde er vermutlich selbst auch sagen, ganz ehrlich und bescheiden. Goethe hat an diesem letzten Teil viel gearbeit und z.b. auch einen Entwurf mit Diskussionen im Himmel gemacht, nach dem Tode Fausts, und das später fallengelassen. Es stimmte nicht. Er mußte es neu schaffen. Er versuchte es noch einmal, es ging nicht. Und dann gestand er sich bescheiden, daß er Anleihen machen mußte bei der Tradition, um etwas in diesem letzten Bild zu gestalten. Anleihen aus der christlichen Tradition, anders ging es für ihn nicht. Da er es zuerst ohne diese Anleihen versucht hatte, ist vieles von dem, was über das Traditionelle hinausführt, doch drinnen enthalten.

Es beginnt mit etwas Großartigem. Man erwartet sozusagen ein rein seelisch-geistiges Aufsteigen in begrifflicher Ideengestaltung. Das ist aber nicht der Fall. Wie beginnt es?

> Waldung, sie schwankt heran,
> Felsen, sie lasten dran,
>
> (V. 11844 ff.)

Man kann sich fragen, was los ist, wo Faust gestorben ist, gibt es doch keine Sinneswahrnehmungen, keine Wälder und keine Felsen? Was soll das jetzt hier? Das ist doch abgelegt. Es ist die innere, geistige Seite der Natur, denn nach dem Tode geschieht nicht nur ein Aufsteigen in dem moralischen Inneren der Seele, sondern gleichzeitig ein Aufsteigen draußen in der Natur, in dem Geistigen der Natur. Goethe läßt nun diese beiden Seiten zusammentönen, genauso wie er das in «Wald und Höhle» tat, wo Faust zu sprechen beginnt mit den Worten:

> Erhabner Geist, du gabst mir, gabst mir alles,
> Warum ich bat...
>
> (V. 3217 f.)

Das Einsteigen in die Brust der Natur und in die Brust der

eigenen Seele tönt jetzt in einer neuen, höheren Stufe nach dem physischen Tode von Faust auf:

> Waldung, sie schwankt heran,
> Felsen, sie lasten dran,
> Wurzeln, sie klammern an,
> Stamm dicht an Stamm hinan.
> Woge nach Woge spritzt,
> Höhle, die tiefste, schützt.
>
> (V. 11844 ff.)

So geht es weiter und es folgt eine große Komposition. Drei männliche Gestalten, drei «patres», drei Väter sind anzutreffen, «Pater Ecstaticus», «Pater Profundus» und «Pater Seraphicus». Der erste, Pater Ecstaticus, tritt begeisterungserfüllt von der männlichen Seite aus in dieses Geistige hinein, aufsteigend und heruntersinkend, aufsteigend und heruntersinkend, sozusagen das Oben und Unten in seiner Begeisterungsfülle verbindend. Dann kommt der zweite, Pater Profundus, das Männliche an dem Seelisch-Geistigen, das jetzt in die Tiefe führt. Es ist die tiefe, unerbittlich suchende Kraft, diee auch in der großen Belastung durch das Schwergewicht in dem unteren Gebiet zu dem Geistigen hindurch will. Also nicht Geist-Umströmung von der Brust nach oben, sondern in die Tiefe gehend. Der dritte aus der wie es heißt «mittleren Region», Pater Seraphicus, führt in einer durchdringenden geistigen Kraft der Ruhe und Liebe jetzt von der männlichen Seite aus dieses geistig Strebende durch.

Warum wird jetzt das Männliche dreimal betont? Weil das die eine Seite ist. Dann kommen drei weibliche Gestalten in der Höhe. Alle sechs wirken zusammen, und alles ist in jedem Menschen. Wo finden wir diese übersinnliche, ewige Kraft des Weiblichen in jedem Menschen? In der Ehrfurcht, in der Devotion, in der Kraft der Hingabe, ohne die kein Mensch in der Erkenntnissuche über sich selbst hinauskommen kann. Das Denken kann sich selbst ergreifen. Ohne die Erziehung durch die Ehrfurcht, durch dieses, was durch die Ehrfurcht hinaufträgt, kommt kein Mensch zur Erkenntnis der geistigen Welt. Das ist die weibliche Kraft in jeder Menschenseele. Auf der anderen Seite hat jede Menschenseele die männliche Kraft, ob Mann oder Frau. Und das ist die andere Seite, die Kraft der Eigenenergie, der Selbständigkeit in der Freiheitssuche, der Suche nach Urteilsfähigkeit, der selbständigen Urteilsfähigkeit, das hat Aufrichtekraft in sich. Das Ewig-Männliche in jedem Menschen und das Ewig-Weibliche in jedem Menschen.

Am Ende des «Faust»-Dramas erscheinen in einem großausgebreiteten Bilde beide Qualitäten dreiheitlich: drei Patres, von unten aufsteigend und später drei Matres. Was erscheint dann? Der Chor seliger Knaben, frühverstorbener Kinder, die das Erdenleben nicht durchgemacht haben, sondern ganz früh, gerade nach einigen Tagen oder Monaten im Säuglingsalter verstorben sind. Sie haben also keine Lebenserfahrung aus dem Erdenreich. Wie wirken solche Seelen nach dem Tode? Befruchtend, stärkend für die anderen Menschenseelen. In diesen seligen Knaben lebt auf der einen Seite dieses Starke, Befruchtende, Helfende, auf der anderen Seite fehlt ihnen etwas. Was fehlt ihnen? Die Früchte der Lebenserfahrung haben sie natürlich nicht. Diese frühverstorbenen Kinder begegnen dann dem Alten und es kommt ein Ineinander-Spielen, so daß die einen in den anderen leben und sich gegenseitig helfen, stützen und fragen. Es ist wiederum ein großartiges Bild: der hundertjährige Faust, lebenserfahrungsgesättigt, zusammen mit Neugeborenen, den frühverstorbenen Kindern ohne Lebenserfahrung, aber mit der unendlichen Kraft der großen Lebensfülle, die hineinströmen kann. Sie gehen gemeinsam und Faust wird gepflegt und gefördert durch diese. Gleichzeitig strahlt von Faust eine große Wärme aus. Gegenseitige Austausch-Zusammenarbeit nach dem Tode findet statt.

So sehen wir Goethe mit dem charakteristischen Goetheschen Blick arbeitend, realistisch. Was geht hier vor sich? Er will etwas

Konkretes finden und sehen. Die geschilderten Wesen steigen nun langsam aufwärts in einer konkreten seelisch-geistigen Entwicklung. Dann kommen die Engel in mehreren Abstufungen, die nächsten, die höheren, die vollkommeneren. Was strömt jetzt herein bei diesem Herauftragen? Eine Fülle von Rosen. Goethe schaute als Botaniker auf die Rose, um das ihr Spezifische zu finden. Sie ist das Umgekehrte von der Lilie. Die Lilie ist wunderbar schön, sie kommt aus dem ganzen Kosmos und berührt die Erde nur. Die Lilie ist in ihrer reinen Art unschuldig. Die Rose dagegen hat die ganze Kraft der Erde in den Dornen und in der gesättigten Farbe des Roten verwandelt. Das ist keine unschuldige Himmelsglanzkraft in der Rose, das ist verwandelte Erdenkraft. Und wo finden wir die Rose im Menschleben? Es ist die Liebe, die durch Schmerzen gegangen ist. Die Liebe hat auch Entwicklungsstufen. Naive, kindliche Liebe kann da sein, Sympathie, schön und groß. Dann kommt die Prüfung, wo die Liebe vertieft werden muß zur verständnisvollen Liebe. Das ist nur möglich, wenn die Liebe durch Schmerzen geht und Schmerzen überwindet. Das ist die Rose.

Dann erst kommen die drei Sünderinnen, die durch die Sünde gegangen sind, deren Liebekraft so groß ist, daß sie sich mit Christus, dem Auferstandenen, verbunden haben. Sie bringen die gereinigte Liebe, die geprüft wurde, schwer geprüft durch schwierige Lebenssituationen bis zur Grenze des Todes, wo durch die Schmerzen hindurch die Liebe doch größer war und wirkte. Die verwandelte, gestandene, gereinigte Liebe taucht auf in den drei Büßerinnen. Mitten in diesem Ganzen erscheint nun Gretchen. Durch die ganze Faust-Dichtung hindurch gibt es dieses Doppelmotiv: Gretchen und Helena. Zunächst, bevor man etwas tiefer schaut, stört das sehr, was aber von einem eigenen Mißverständnis herrührt. Zunächst ist Faust zusammen mit Gretchen, dann wird sie ermordet, ist weg, ersetzt durch Helena, nicht wahr. Wenn man es so oberflächlich nimmt, sieht man an der Sache vollständig vorbei. Faust ist unauslöschlich verbunden mit Gretchen, durchgehend, schon in der ersten Liebe, allerdings durch viele Trübungen und Schrecken hindurch und mit großen Schmerzen. Die gereinigte Rose ist in der geistigen Wesenheit von Gretchen durch ein konkretes, schmerzvolles Schicksal hindurch da. Helena kommt von der anderen Seite. In ihr ist kosmische Größe, das Urbildliche der Menschenwesenheit, nicht nur das kleine Gretchen. Diese Seite ist Helena. Deshalb weben das große Kosmische in jeder Frau und das Nahe, Konkrete in jeder Frau zusammen. Goethe hat erst das eine ganz anschaulich entwickelt und dann ist er in das andere eingestiegen. Am Ende tönen beide zusammen: Gretchen in der geistigen Welt mit der Kraft der Rose und die verwandelte Helena, durchgegangen durch dieses Ganze. In der Vereinigung erscheint sie, diese göttlich-himmlische Wesenheit, als Mater Gloriosa, völlig verwandelt. Faust ist ebenfalls verwandelt. Er wird nun, indem er aufsteigt, nicht mehr Faust, sondern Doctor Marianus genannt.

Wiederum liegt hier ein Großes und Tiefes vor. Nach dem Tode steigt in dem Seelischen-Geistigen von Fausts Wesenheit etwas auf, verbunden mit Gretchen und Mater Gloriosa, mit dem Ewig-Weiblichen durch die Christuskraft, die in dieser Verwandlung gewirkt hat. Ist Christus anwesend da? Nicht in einer Gestalt, aber durch die ganze Auferstehungskraft hindurch und auch mit Worten benannt, lebt er in diesem geistigen Aufstiegsgeschehen. Das führt weit über dasjenige hinaus, was der konkrete Erdenmensch Heinrich Faust, Georg Heinrich Faust, wenn man ihn so nennen möchte, realisiert hätte. Deshalb wäre es nicht richtig, zu sagen, daß jetzt in der geistigen Welt Faust da ist. Es ist Doctor Marianus. Alerdings bleibt ein unvollkommener Rest. Die Folgen aller seiner bösen Taten sind nicht gelöscht, er ist noch immer mit allem verbunden. Doch steigt diese neue Kraft in ihm auf, wegen der es sich nicht um den Erden-Faust, sondern um Doctor Marianus handelt. Auch wenn Gretchen erscheint, wird sie nicht direkt Gretchen genannt. Ganz bewußt wird sie «Una Poenentium sonst Gretchen» genannt. Es ist diese geistige Wesenheit auf dem Wege der wiederholten Erdenleben, die hier nicht besonders genannt werden, die aber für Goethe eine selbstverständliche, gesicherte Tatsache waren, sowohl im Allgemeinen der Ideen, als auch in bezug auf das, was er selbst über seine Individualität in einem früheren Erdenleben wußte. Dieses Ganze war für Goethe maßgeblich wirklich. Allerdings wollte er nicht darüber diskutieren, nicht darüber philosophieren. Er war realistisch eingestellt.

Zum Ende des Faust-Dramas sehen wir nun, wie das Wesen nach dem Tode aufsteigt. Es wird ein neues Erdenleben kommen und mit der neuen Kraft der Erholung aus der geistigen Welt werden dann sowohl Gretchen als auch Faust – das heißt, dann sind sie nicht mehr Gretchen und Faust, sondern anders, vielleicht Mann und Frau, eventuell – alle die Folgen ihrer Taten aus dem vorigen Erdenleben antreffen und neu beginnen, in einer neuen Situation. Dieses ist unbedingt da. Die «vollendeteren Engel» drücken dies, als das Ewig-Seelisch-Geistige des Faust hinausgetragen wird, so aus:

Uns bleibt ein Erdenrest
Zu tragen peinlich,
Und wär' er von Asbest,
Er ist nicht reinlich.

(V. 11954 ff.)

Das ist nicht aufgehoben. In ihren Folgen erscheinen die Taten wieder und werden im nächsten Erdenleben als Aufgabe für den betreffenden Menschen von außen auf ihn zukommen, oder in der Konstitution, in der Art, wie der Körper dann gestaltet sein wird im nächsten Erdenleben.

Dieser großartige Schluß im «Faust» darf deshalb nicht als «süß» gedeutet werden. Ein «süßer» Abschluß wäre unwahr, falsch, aber ein schwarzer Abschluß wäre genauso unwahr und falsch, denn der Mensch ist nicht so.

Goethe läßt uns hineinschauen in diese tiefen Auferstehungs- und Verwandlungskräfte des Menschen, in das Zusammenwirken der drei männlich-geistigen Gestalten mit den drei weiblich-geistigen Gestalten, das heißt, in die Erdenlebens-Erfahrungen von innen. Sie wirken gemeinsam in einem großen Zusammenklang in der geistigen Welt. Das Ganze schließt mit der Betonung dieser Ehrfurchtskräfte, ohne die der Mensch nicht über sein Kleines, Persönliches hinausgelangen kann:

> Alles Vergängliche
> Ist nur ein Gleichnis;
> Das Unzulängliche,
> Hier wird's Ereignis;
> Das Unbeschreibliche,
> Hier ist's getan;
> Das Ewig-Weibliche
> Zieht uns hinan.

(V. 12104 ff.)

Anmerkungen

1 Der Vortragszyklus wurde 1987 gehalten, als die Teilung Europas noch nicht überwunden war. Um den damals aktuellen Bezug der Vorträge Jörgen Smits zu erhalten, wurde diese Passage nicht gestrichen.

2 AT, 2. Buch der Könige, Kap. 1 – 14.

3 Siehe: J. Smit, Goethes «Geheimes Prinzipium», Die Drei 6, 1982, 401 – 410.

4 Siehe z. B. die Tagebuchaufzeichnung J. W. Goethes vom 25. 05. 1807.

5 J. W. Goethe, Werke, Hamburger Ausgabe, Briefe, Bd. 4, Brief Nr. 1405.

Die Kabiren, Gipsabgüsse der drei plastischen Modelle von Rudolf Steiner (zur Inszenierung von «Goethes Faust II», 1917), Original 21 cm, 34 cm bzw. 46 cm hoch.   *(c) Foto Clerc*

Editorische Nachbemerkung

Die Grundlage für die Herausgabe dieser acht Faust-Vorträge Jörgen Smits vom 12. bis 19. Juni 1987 waren Tonband-Mitschnitte der zweiten Hälfte des 2. Vortrages, eines größeren Teiles des 4. Vortrags, des gesamten 5. Vortrages und der zweiten Hälfte des 8. Vortrages. Alle anderen Vorträge und Vortragsteile wurden aus Mitschriften, die ich während der Vorträge angefertigt hatte, neu geschrieben. Eine wesentliche Hilfe waren dabei meine eigenen Mitschriften der Faust-Vorträge Jörgen Smits aus dem Jahr 1982 und 1986. Im wesentlichen wurde aber auf die dort zusätzlich ausgeführten Betrachtungen verzichtet, obwohl das eine oder andere mit aufgenommen wurde.

Den Sprachstil Jörgen Smits habe ich genauso wie seine auffällige Ausdrucksweise so weit als irgend möglich erhalten, auch wenn das an der einen oder anderen Stelle dem gewohnten Gebrauch der deutschen Sprache nicht entspricht. Die individuelle Diktion war mir bei der Herausgabe wichtiger, als der exakte Gebrauch der deutschen Sprache. Trotzdem wurden einige Glättungen vorgenommen, insbesondere bei Ausdrucksformen, die zwar im mündlichen Vortrag gebraucht, aber nicht in eine schriftliche Fassung gefügt werden können.

Titel und Überschriften der Vorträge stammen aus meiner Feder, nicht von Jörgen Smit, und sind als Gliederungshilfe gedacht.

Da die Vorträge begleitend zur Faust-Aufführung am Goetheanum gehalten worden sind, wird die Kenntnis des Faust-Dramas vorausgesetzt. Bei der Herausgabe wurde an Stellen, wo die Kenntnis des Dramas ganz offensichtlich erforderlich ist, keine Hinzufügung gemacht, sondern auf die Neugier des Lesers vertraut, sich mit dem Drama gründlich bekannt zu machen.

Nana Göbel